해양인문학으로
부산의 미래를 꿈꾸다

(Ⅱ)

23

해양인문학으로
부산의 미래를 꿈꾸다
(Ⅱ)

23

부경대학교
대학인문역량강화사업단

'이 저서는 2018년 부경대학교 CORE사업운영지원금의 지원을 받아 수행된 저서임'

『해양인문학으로 부산의 미래를 꿈꾸다』를 펴내며

부경대학교 대학인문역량강화사업단은 해양수산 메카인 부경대학교의 전통과 해양수도 부산의 지역 인프라를 바탕으로, 바다를 중심으로 하는 인간 삶의 총체적 연구인 '해양인문학'을 특성화하여 부산의 미래를 개척할 융합형 글로벌 인재 양성을 목표로 지난 3년간 대학인문역량강화사업을 수행하여 왔습니다.

부경대학교 대학인문역량강화사업단에서 추진한 사업에는 환태평양지역의 연구·교육 네트워크 구축과 연구 성과 공유를 위한 환태평양 국제학술대회, 해양인문학의 새로운 미래를 과거 속에서 찾고자 한 한국해양수산아카이브, 학생들이 자신의 발로 뛰어 제작한 해양인문지도 등 많은 프로그램들이 있었습니다.

해양인문학, 글로벌지역학, 인문융합전공 분야의 다양한 프로그램들 중 학생들에게 가장 인기가 있었던 것은 해외현지조사 프로그램인 '글로벌챌린지'였습니다. 해양수도 부산의 미래를 찾고자 총 32개국, 69개 도시에 총 87개팀 298명의 학생들이 현지조사를 벌였습니다. 2016년 첫해에는 부산의 미래를 해외사례에서 찾는 것이 현지

조사의 주된 목적이었지만, 해를 거듭하면서 주제의 폭과 깊이가 더해져 '해양도시의 역사와 문화', '해양산업', '해양도시 재생', '지구촌의 이주', '지속 가능 발전', '국제개발협력' 등 다양한 분야의 주제를 학생들 스스로, 또는 교수의 책임지도하에 현지조사를 하였습니다.

이렇듯 다양한 주제를 가지고 전 세계를 누빈 학생들의 땀과 노력 그리고 문제의식을 모두 담아낼 수는 없지만, 부경대사업단에서는 지역별, 분야별 대표 사례들을 제1편 해양인문학, 제2편 해양도시와 해양산업, 제3편 글로벌 시대의 문화교류, 제4편 글로벌 시대의 이주문제, 제5편 글로벌 시대의 창업과 취업 등으로 재구성하여 새롭게 편찬하였습니다.

구체적으로는 드넓은 대양을 누벼온 유럽국가의 역사와 문화를 통해 한국의 해양인문학은 앞으로 어떤 모습이어야 할까? 가까운 일본의 해양교육은 어떠한 방식으로 이루어지고 있을까? 아시아의 대표적 해양도시 국가인 싱가포르의 해양문화의 특색은 무엇인가? 리버풀의 항만 재생을 부산에는 어떻게 적용할 수 있을까? 오세아니아

대양을 품에 안고 있는 호주는 어떻게 해양공간을 관리하는가? 알래스카 원주민들은 지구온난화로 어떤 영향을 받고 있는가? 문학의 도시 더블린의 힘은 무엇인가? 지구촌 사람들은 어떻게 움직이고 서로 영향을 받는가? 등 다채로운 주제들이 망라되어 있습니다. 또한 글로벌 시대에 해외 취업과 창업에는 어떤 것이 있을까 등 현실적 고민을 담은 것들도 있습니다.

지역별, 분야별 대표 사례를 중심으로 재구성하였기에 '덴마크 코펜하겐과 오덴세의 시니어 코하우징(노인 합동주택)이 부산 노인 주거의 대안이 될 수 없을까' 또는 '세계적 해양도시였던 스웨덴 말뫼의 새로운 성장동력은 무엇일까' 등 부산을 넘어 한국의 미래를 위한 학생들의 소중한 경험이 실리지 못한 경우도 있습니다. 기회가 되면 여기에 실린 현지조사 이외에 세계 곳곳을 누빈 학생들의 소중한 문제의식과 흔적을 출간할 예정입니다. 또한 이러한 책 출간을 넘어 세계 속에서 자신의 눈으로, 자신들의 사회를 꿈꾸는 새로운 세대를 위한 자리를 마련하기를 희망합니다.

무한 개척 정신을 가지고 드넓은 태평양을 개척해온 부경인들은 앞으로도 새로운 도전을 통해 해양인문학의 미래, 부산의 미래를 넘어 대한민국의 미래, 그리고 진정한 세계시민으로서 새로운 지구촌 사회를 전 세계인들과 함께 만들어 나갈 것입니다.

부경대학교 대학인문역량강화사업단장

정해조

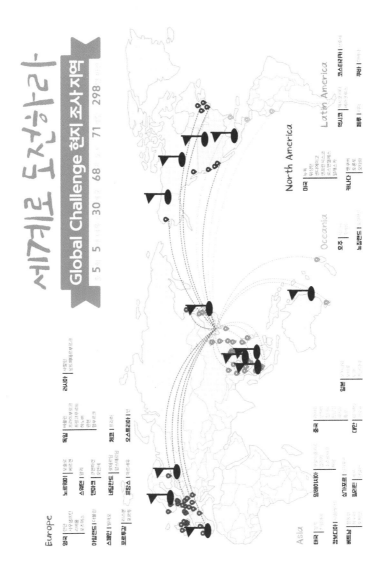

세계로 도전하라!

Global Challenge 현지 조사지역

유럽지역

Do-Blin 팀(아일랜드) 단체사진

제임스조이스 센터

GORANI 팀(독일) 단체사진

독일 하노버 항 입구

마르세윤 팀(프랑스) 단체사진

마르세유 옛 항구

MIB 팀(영국) 단체사진

템즈강을 따라 있는 해운기관들

LEGGO 팀(덴마크) 단체사진

덴마크 외레스타드 개발구역 전경

미주 지역

UTOREAL 팀(미국) 단체사진

미국 유엔 회의장

아이스에이지 팀(미국) 단체사진

미국 알래스카 케나이피오르드
국립공원의 EXIT 빙하

자유의 여신상이조 팀(미국) 단체사진

미국 PIER25에서 바라본 뉴욕의 바다

쿠바나우나나 팀(쿠바) 단체 사진

쿠바의 호세 마르티 동상

PIGs 팀(캐나다) 단체사진

캐나다 Burad Civic Marina

아시아 지역

문리단길 팀(중국) 단체사진

중국 리장 박물관 입구

Việt Nam ngon lắm 팀(베트남) 단체사진

베트남 콩카페 내부

라뿌라뿌와 아이들 팀(필리핀) 단체사진

필리핀 마닐라 대성당

홍심이조 팀(중국, 홍콩) 단체사진

홍콩 하버프런트의 해적선 페리

말레이 가느라 샤샤샤 팀(말레이시아)
단체사진

말레이시아 콘웰리스 요새

singsingapore 팀(싱가포르) 단체사진

싱가포르 해양 관광 중심지 MBS에서

목 차

제3편 글로벌 시대의 문화교류

제5편 글로벌시대의 창업과 취업

제3편

글로벌 시대의 문화교류

9장 중국 소수민족의 문화접변 현상: 윈난성의 사례

2018년 하계 글로벌챌린지: 중국

김대영(국제지역학부, 4학년)

Ⅰ. 들어가며

윈난성은 중국 서남쪽 변두리에 위치해 있다. 동서주향의 가장 긴 가로길이가 990km이고 총면적은 19.4㎢이며 중국 총면적의 4.1%를 차지한다.[1] 윈난성은 중국에서 소수민족이 가장 많은 성이다. 전국에 56개 민족이 있는데 윈난에는 한족 외에 인구가 5000명 이상인 소수민족이 25개 민족이다. 즉 이족, 백족, 하니족, 쫭족, 태족, 묘족, 이속족, 회족, 라고족, 와족, 나시족, 요족, 장족, 경파족, 뿌이족, 보미족, 노족, 아창족, 덕앙족, 기낙족, 수족, 몽고족, 푸랑족, 독용족, 만족 등이다. 윈난성의 소수민족은 인구 총수의 1/3을 차지한다.[2]

중국의 소수민족은 오랜 역사 발전 중 특수한 자연환경과 생활 조

---

1) 냉정초, 「운남 소수민족지역 문화관광자원에 관한 연구」, 신라대학교 석사학위 논문, 2008년, 6쪽.
2) 냉정초, 앞의 논문, 28쪽.

건 속에서 점진적으로 그들만의 독특한 전통 풍습과 관습 문화를 형성하였다. 민족의 전통 풍습 관습 문화는 각 민족의 역사전통, 경제생활, 문화예술, 심리와 감정 그리고 종교 등을 반영한 것이며, 이러한 전통 풍습과 관습 문화는 하나의 민족과 타민족을 구별하기 위한 지표 중 하나이다.[3] 그러나 윈난성의 소수민족 문화는 여러 국가와 맞닿아 있다는 점 때문에 '문화 접변 현상'이 일어나기도 한다.

윈난성의 소수민족은 문화 접변에 대한 연구에 적합한 조건을 두루 갖췄다. 문화 접변은 문화 접촉이 현재 진행 중인 지역에서 연구하기 쉽다. 중국 서남 지역의 윈구이고원에 위치한 윈난성은 동쪽으로는 광시좡족자치구와 구이저우성과 접해 있고 북쪽으로는 쓰촨성, 서북쪽으로는 시짱 자치구, 서쪽 및 남쪽은 미얀마, 라오스, 베트남 등의 여러 국가와 국경을 맞대고 있다. 여러 민족이 함께 거주하면서도 각 민족 집단별로 사회발전이 서로 다른 형태를 유지하고 있다. 동시에 외부와의 접촉이 쉽지 않아 각 민족의 특색이 잘 보존되어 있다. 하지만 이 지역은 현재 현대화가 진행되고 있기에 중국 민족 간의 변동과 현대의 문화적 변천 양상을 파악하기에 적절하다.[4] 이에 본 연구팀은 윈난성 현지 조사를 통하여 다양한 소수민족의 문화 접변 현상을 파악하고자 한다.

문화 접변(文化接變, acculturation)이란 두 문화 간의 상호작용으로 일어나는 문화변동을 지칭한다. 즉 서로 다른 문화 체계가 접촉하여 원래의 문화 유형에 변화를 일으키거나 원래의 문화 유형과 다른 새로운 문화 유형을 만드는 것을 말한다. 하지만 이러한 두 문화 간의

---

3) 이박, 「중국 소수민족 문화관광자원 연구 : 중국 운남지역 중심으로」, 경기대학교 석사학위 논문, 2014년, 20쪽.

4) 김덕삼, 「문화접변으로 바라본 中國 雲南省 少數民族 교육의 변화」, 『敎育問題研究(Journal of research in education)』제23호, 2005년, 3~4쪽.

상호 작용도 결국 문화 전파를 통해 가능하다. 직접 전파든 간접 전파든 혹은 자극 전파든 문화 전파는 한 사회의 단위를 넘어서 다른 사회로 문화 요소가 전해지는 것으로, 이는 결국 문화 변동을 촉진하는 역할을 한다. 이러한 문화 접변은 대게 자발적인 문화 접변과 강제적인 문화 접변으로 구분되는데, 이것은 문화 수용의 태도가 자발적이냐 강제성을 띤 외부의 압력에 의한 것이냐가 그 구분의 기준이다.[5]

본 연구의 연구 대상은 현지의 소수민족 및 민족문화 자원으로 설정했다. 연구 조사 방법은 다음과 같다. 먼저 인터뷰이다. 인터뷰 대상은 첫 번째로는 쿤밍 외사처다. 두 번째는 윈난대학교 교수님의 민족학 강의이다. 강의를 듣고 그것을 바탕으로 교수님과 함께 얘기를 나눠보고 사전에 준비해간 질문을 토대로 질의응답 시간을 가졌다. 세 번째는 리장 외사처에서의 인터뷰이다. "어떻게 그 많은 소수민족이 같이 어울려서 살고 있는데 갈등이 심하지 않은가?", "민족문화적인 부분에서 어떻게 보존하고 있는가?", "동파문자는 번역이 어떻게 이루어지는가?" 등의 연구 주제와 관련된 질문을 준비해서 연구에 필요한 자료를 수집했다. 네 번째는 공식적인 정부 기관 외에도 현지 가이드를 통한 인터뷰가 가능하다면 진행하고 앞서 진행했던 인터뷰와는 달리 비공식적인 인터뷰로서 얻을 수 있는 정보를 수집하고자 했다.

두 번째 연구 조사 방법으로는 문화 자원 답사이다. 그중에서도 연구의 주제와 맞게 민족 문화특징을 지닌 장소를 위주로 선택하여 탐방했다. 먼저 석림 이족 자치현에 방문하여 소수민족 중 이족의

---

5) 김덕삼, 앞의 논문, 2쪽.

문화를 답사했다. 그 다음으로 쿤밍에서 민속촌을 방문하여 소수민족 삶과 관련된 답사를 진행했다. 이후 리장에서는 나시동파문화 박물관으로도 불리는 리장시 박물관을 방문하여 나시족의 기원과 동파문화에 대한 자료를 수집했다. 인터뷰와 문화자원답사를 통해 연구 주제인 '윈난성의 소수민족의 문화 접변 현상 연구'에 대해 필요한 정보를 수집하고, 더 나아가 여러 체험을 통해 소수민족의 삶은 물론 민족문화 접변 사례도 찾고자 하였다.

II. 사전조사

1) 리장 고성

윈난성 리장시 위룽나시족자치현의 구시가지에 있는 고성으로 대연진이라고도 불린다. 리강 중부에 있으며 중국 역사문화 명성 가운데 유일하게 성벽이 없는 고성으로 일설에 따르면 리강의 세습 통치자 토사의 성이 목씨로 성벽으로 둘러싸면 세력이 '곤' 자의 의미처럼 될 수 있다고 여겨 성벽을 쌓지 않았다고 전한다. 고성은 현 경내 중부의 해발 2,400여m 지점에 있으며 풍경이 수려하고 역사가 유구한 문화적 명성으로 보존상태가 양호한 소수민족의 고성이다. 또 리장고성은 나시문화의 정화이며 송원 이래에 형성된 역사와 풍모를 완전하게 보전하고 있어 국가역사문화명성으로 지정되었다. 1997년 12월에는 UNESCO의 세계문화유산에 등재되었다.[6]

---

6) [네이버 지식백과] 중국행정구획총람, 2010. 8. 1, 도서출판 황매희.

2) 윈난 민속촌

과거 중국의 생활상을 모아 놓은 '민속촌'이 아니라 소수민족의 문화를 테마파크 형태로 체험해 볼 수 있는 '민족촌'이다. 윈난성에 사는 소수민족은 바이족, 나시족 등 26개에 이른다. 이들의 삶을 주제로 한 이곳은 중국에서 가장 잘 꾸며진 민족촌이라는 평가를 받고 있다. 내부에서는 각 민족 고유의 생활과 문화를 재현하며 소수민족들이 전통의상을 입고 관람객을 맞이하고 있다. 매일 열리는 전통춤과 음악 공연 등 볼거리가 풍부하지만 한정된 좁은 공간에 여러 민족의 특성을 재현해 놓은 만큼 다소 인공적인 느낌이 들기도 한다.

3) 윈난대학교

윈난대학교의 전신은 1922년에 설립된 사립 둥루대학교이다. 쿤밍 중앙에 있으며 현재 윈난성 내의 최고의 대학으로 꼽히고 있다. 학교 건물 전체면적은 35만㎡ 정도이고 학교의 남문 방향으로는 외국인 거리가 조성되어있어 한국 식당, 외국 식당, 카페 등이 많다. 또 중국 대학 순위에서 50위 내에 드는 대학교이며, 특히 '민족학' 부문에서는 1순위라고 한다. 정치, 국제관계 학부도 설립되어 있으며 주변국(주로 동남아), 베트남, 인도 문제 등을 연구한다.

4) 리장시 박물관

위취안공원[玉泉公園] 인근에 있는 리장시 박물관은 나시동파문화박물관이라고도 불린다. 1984년에 설립되었으며 박물관의 본관에는 소수민족 중 나시족의 독특한 가옥 건축양식을 따라 사각형 구조에 중앙 뜰을 갖고 있나. 이 박물관의 가장 큰 특징은 둥바문화[东巴文化(동파문화)]에 있다. 둥바문화, 나시족의 문화는 쇠못을 사용하지 않고 지어진 전통 기와집과 둥바문자, 샤머니즘 의식을 들 수 있다. 박물관은 하늘, 바람, 더위 등 자연에 제사를 지내는 전통의식을 보여준다. 박물관은 나시족의 발전과정에 따라 전시되어 있다. 위취안[玉泉]의 물과 샹산[象山] 서쪽 기슭의 자연경관을 따라 북에서 남으로 고대 인류의 동굴 생활에서부터 싼팡이자오비[三房一照壁], 쓰허우롄징[四合五天井] 등 다양한 종류의 전통 민가를 전시하고 있다. 민속적·종교적 의식과 동파의 제사 의식 등도 있다. 이 밖에도 각종 그림과 문자를 통해 둥바[东巴]문화를 소개하고 있으며, 경전과 회화, 제사 용구 등 실물자료와 나시족[纳西族]의 오래된 생활용품 등 1만 2000여 건의 문화재가 전시되어 있다.

5) 윈난성 인민정부 외사처

윈난성 인민정부 외사 사무실은 전(全)성의 외사 업무를 주관하는 성 정부 직속 기관이며 그 주요 책임 업무는 대략 다음과 같다.

(1) 국가의 대외 방침 정책과 각종 외교 법규의 철저한 집행, 그리고 성 위원회, 성정부의 대(對) 전(全)성의 외사 업무의 지시와 정책 결정.
(2) 전 성의 외사 업무를 관리 혹은 협조 및 책임지며 대외 수로를 이용하여 전 성의 경제 건설과 사회발전 서비스를 위함.

(3) 성 위원회, 성 인민대회의, 성 정부, 성 정치 회의의 대외 교류 사무 책임.

(4) 윈난성을 방문하는 주요 외빈, 공무 활동을 하는 외국 사절, 영관급 인원 접대.

1950년 6월 25일, 윈난성 인민정부 외사처가 정식으로 성립되었으며, 이때부터 윈난의 외사 업무는 신중국의 교류 및 윈난성 발전의 족보와 행보를 함께 했다.

Ⅲ. 기관 방문조사

2018년 8월 1일부터 8일까지의 일정 동안 중국 윈난성 내 관련 기관 중 정부기관(외사처) 2곳, 대학교 1곳, 그리고 박물관과 민속촌 각각 1곳 등 총 5가지의 장소를 방문·조사 및 인터뷰를 시행하였다. 내용은 아래와 같다.

1) 쿤밍 외사처

가장 먼저 방문한 기관은 윈난성 쿤밍시 외사처였다. 이곳에서 근무하는 직원분들과 부기관장님에게 윈난성에 대해 배우는 시간을 가졌다. 부기관장님은 먼저 충남에서 행정기관 및 부서와 연락을 유지하는 등 한국과 활발히 교류하고 있다는 점을 언급하며 인터뷰를 시작했다. 그는 윈난성, 쿤밍의 전반적인 상황, 그리고 경제,지리, 교육 등의 분야에 걸쳐 소개했다. 먼저 윈난성은 중국 서남부에 위치하며 광시, 사천 등의 지역과 모두 고속도로로 연결되어 있고, 다시 서부 쪽으로 향하면 시짱(티베트 자치구)에도 갈 수 있다. 면적은 대략 40만km²이며 이 중 94%가 산지로 평지의 비율은 6%에 불과하다. 변경지역에 있으므로 다른 국가와 접경하며 교류 및 협력을 하고 있고, 동남아 국가가 그 비중이 높다. 이러한 조건들 덕분에 생활의 다양성이 두드러지게 나타나며 중국 내의 기타 성들과는 다른 특징을 가지고 있다.

쿤밍시의 개황과 함께 지리, 인구 조건도 간략하게 소개했다. 윈난에는 강이 많은데 중국의 유명한 장강, 주강 등이 모두 윈난에서 발원한다고 한다. 윈난의 인구는 약 4800만 명이며 성도인 쿤밍의 인구는 약 700만 명이다. 그리고 이 4800만 인구 중 1/3이 소수민족이라고 한다. 중국에는 56개의 민족이 있는데 인난성에서는 이 56개 민족을 모두 볼 수 있다. 통계와 수치 조건에서 소수민족 인구 중 5000명이 넘는 민족을 '토착 민족'이라고 하는데, 윈난에는 25종의 토착민족이 있으며 이 중 15종은 윈난에만 있는 소수민족이라고 한다. 이러한 민족의 다양성에도 불구하고 윈난은 이미 한족화(汉族化)가 너무나 많이 진행되었다고 하였다. 우리의 다음 일정이 계획되어 있는 리장으로 가면 생활방식 등에서 많은 차이를 느낄 수 있을 것이라고 하였다. 그 원인으로 리장에서만 볼 수 있는 나시족을 이유로 들었다. 우리가 궁금증을 가지고 있었던 소수민족 문제에 관해서 이족과 백족을 예로 들며 크게 보면 문제가 전혀 없는 상태라고 하였다. 물론 소수민족 개개인의 작은 문제는 있을 수 있지만 그것이 민족 문제 전체를 대표할 수는 없다고 하였다. 외사처 사무실만 하더라도 4개 민족이 같이 일하고 있으며, 이들에게 중요한 것은 출신 민족이 아닌 강력한 영도자(지도자)라고 한다. 그리고 소수민족 간에 평등을 중요시하며 정책상

<그림 1> 쿤밍 외사처 정문   <그림 2> 쿤밍 외사처 내부 회의실

으로도 한족보다 우대받는 부분이 있고, 소수민족의 공산당 진출을 위해 정해진 간부의 비율도 있다고 한다. 이로부터 알 수 있듯이 소수민족과 관련한 문제는 현재는 찾아보기 힘들다고 한다.

쿤밍시의 경제는 발전 상황이 매우 좋으며 작년에 경제발전속도 지표에서 3위를 차지하였다고 하였다. 윈난의 특산품 중 차와 커피의 창업이 활발하다. 또한 사회주의 자본을 예시로 들며 중요한 것은 민족의 역사와 문화라고 하였다. 쿤밍시를 포함한 윈난성은 중국에서 인구가 많은 지역이고 따라서 더 많은 연구가 필요하다고 하였다. 윈난에서는 사람들의 지위가 평등하고, 투자, 교육, 소수민족 체제개선 방면에서는 '각각의 소수민족이 모두 평등하며 차별이 없어야 한다'는 중국 정부의 소강(小康)사회를 추구하고 있다.

현재 쿤밍시에 유학생들과 해외에서 온 직장인들은 그 수가 만 명을 넘는다고 하였으며 대학교와 관련해서는 우리 부경대학교와 자매결연 협력도 문의하는 등 적극적인 의사표시를 하였다.

2) 윈난대학교

두 번째로 방문한 곳은 윈난대학교였다. 미리 연락하고 섭외를 한 덕분에, 공산당원이자 윈난대학교 역사학과를 졸업한 쑤셴첸[苏升乾] 교수를 만나 대학교 내에서 직접 강의를 들을 수 있었다. 윈난대학교 캠퍼스는 중국 내에서도 가장 아름다운 캠퍼스 순위에 이름을 올리고 있는 학교인 만큼, 그는 우리를 위해 캠퍼스 내부를 돌며 윈난대학교와 소수민족 그리고 각 건물의 역사를 생생하게 설명해주었다. 그의 말을 빌려 윈난의 특성 및 민족갈등의 해결방법을 묘사하자면 첫째, "一个变两个两个变四个四个变八个…以分化为主(하나가 둘이 되고 둘이 넷이 되고 넷이 여덟이 되고… '분화'를 '주'로 함)"이라고 말할 수 있다. 그 결과 공동체 의식이 생겨 다른 소수민족을 배척하지 않고 포용한다. 윈난성에서 그 시초는 이족이며 지금은 정확히 말하면 '한이족'이다. 나시족도 원래는 이족으로 그 뿌리는 같다고 한다. 두 번째는 결맹(結盟)이다. 윈난의 특색 있는 민족문제 해결방법은 바로 전쟁 등의 폭력적 방법이 아닌 술을 마시고 대화를 통하는 등의 축제와 같은 방법이라는 것이다. 이에 관해서는 과거 야사에서도 찾아볼 수 있다고 하였는데 제갈량이 남정시기 갈등이 생겼을 때, 전쟁을 일으키지 않고 술을 마시며 대화를 통하여 갈등을 풀었다는 일화가 있다. 이로써 윈난 지역 민족들의 포용성을 알 수 있다. 세 번째는 지리적 단절성이다. 일부 지역은 그 지리적 단절성으로 인하여 문명이 낙후되어 있었으며 그로 인해 자연스럽게 중앙 지향적인 풍습이 생기게 되었다. 그리하여 명·청 시기부터도 딱히 독립을 염원하지는 않았으며 심지어 어떤 민족들은 생활방식의 변화로 인해 민족 관념이 소실되고 있다. 일상생활에서도 스스로가 소수민족이라고 자각하기 보다는 '중국 국민'이라는 관념을 가지고 있다고 한다. 네 번째는 각각의 소수민족 자치구가 정책적으로 정비가 잘 되어있다는 점을 꼽았다. 윈난에는 한족을 제외한 25개 민족이 토착 민족으로서 거주하고 있는데, 각각의 지방 행정직에 소수민족을 선발해, 소수민족을 위한 다양한 정책과 업무를 지원하고 있다고 한다.

현장강의가 끝날 즈음 준비해왔던 질문에 대한 답변을 들을 수 있었다. 첫째 윈난성에서 소수민족 문화를 보호하기 위한 정책이다. 민족 휴일 보호와 가옥 보존이 있다고 한다. 윈난성 시솽반나 지역의 상반기는 매일이 휴무라고 할 만큼 민족의 휴일을 빠지지 않고 보호해주고 있다고 한다. 소수민족의 휴일이라고 한족은 쉬지 않는 것이 아니라 모두가 휴일에 쉰다고 한다. 또한, 민족의 가옥 중 지붕의 형태를 민족 특색을 살린 형태로 건축하면 정부 지원금을 주는 정책을 사용해 현재 태족의 문화를 살린 지붕 형태를 쉽게 접할 수 있다고 한다. 또한, 소수민족 문화의 소실에 관해서는 "이 부분은 누군가가 막을 수 있는 문제가 아니다. 사회의 발전 및 여러 민족과 함께 살면서 계속 원시적인 습관을 유지하는 것은 어렵다"고 하며, "동화(同化)도 일종의 진보"라는 말을 남겼다.

두 번째는 윈난성의 희망공정[7]에 대한 설명을 부탁하였다. 희망공정은 2000~2010년대 경제가 낙후되고 교통이 불편한 지역에서 주로 진행되었다. 당시 쿤밍시의 50%가 넘는 학교에서 한 명의 교사가 교장과 전 학년 담임을 담당하여 가르치는 등 교육의 질이 상당히 낮았다고 한다. 따라서 베이징에서 회의가 열렸을 때 쿤밍의

---

7) 중국 빈곤 지역에서 배움의 기회를 잃은 청소년들에게 교육 지원을 하는 공익사업으로 학교를 지어주거나 농촌 교육재정을 지원하는 프로젝트이다. 삼성, 아시아나 등 한국 기업들도 대거 참여하고 있다.

<그림 3> 윈난대학교 苏升乾 교수님과 함께

희망공정을 승인해 달라는 요청을 하였으며 이 시기부터 농촌에서의 아이들에 대한 교육열이 높아졌다고 한다. 그가 직접 한 말을 빌려 쓰자면 "有文化没文化收入差距很大(교육을 받아서 문명적인 것과 문명적이지 않은 사람들 간의 수입 차이는 매우 크다)"는 말이 있을 만큼, 소수민족이 많이 거주하고 있는 윈난의 지리적 조건—교통의 불편, 경제 낙후 등—때문에 교육은 이들의 장래와 직결되는 문제였다. 사업이 진행되고 시간이 어느 정도 흐른 현재에는 그 상황이 많이 나아졌다고 한다.

3) 윈난 민속촌

윈난 민속촌은 복원 전시 기법을 사용하여 윈난성 곳곳에 있는 소수민족들의 문화를 한눈에 볼 수 있도록 만든 곳이다. 민속촌에서는 다양한 소수민족들의 주거 형태와 생활을 소개하고 있다. 여러 소수민족 중 토착 민족으로 분류되는 모든 25개 민족의 구역이 있으며 주거 형태 이외에도 민족 공예품, 생활 형태, 종교, 민족 복식, 민족 풍속, 민족극을 볼 수 있다. 또한 소수민족의 명절에는 민속촌에서 명절을 지내는 모습을 보여준다. 마침 우리가 방문한 시기가 1년 중 가장 성대한 축제인 햇불 축제 기간이었다. 비용과 시간의 문제로 윈난성의 소수민족을 모두 접할 기회가 적었던 본 연구팀으로서는 민속촌에 들러 문화 접변이 일어나기 전의 소수민족문화를 확인할 수 있는 좋은 곳이라고 생각했다. 하지만 생각보다 상업화가 많이 진행되어 각각 소수민족의 간단한 개황 정도만 확인한 후 돌아올 수밖에 없었다.

<그림 4> 민속촌 내부

4) 리장 외사처

리장 외사처에서는 외사처 관계자와 세 분의 민족문화 전문가로부터 강의를 들을 수 있었다. 강의는 전문가들이 분야별 전문지식을 바탕으로 이루어졌다. 먼저 "민족문화가 좋은 원인"에 대해서 리장 중심으로 설명을 들을 수 있었다. 먼저 리장의 11개 민족 중 10개 민족이 소수민족이며, 120만 인구 대부분이 모두 소수민족이다. 하지만 "우리는 한 가족"이라는 의식이 매우 명확하여 아주 특수한 지역이라고 한다. 다시 말해 공생, 공존발전, 다종교 지역이라고 볼 수 있다. 전문가들 또한 스스로 리장을 특이한 지역이라고 칭하였는데 그 이유로는 나시족은 본래 '무', '허'의 2가지 성을 가지고 있었다고 한다. 하지만 현재에 이르러서는 '이', '천', '장'씨 등 여러 성을 가진 나시족이 존재하는데, 이는 외래인이 '나시속 화'가 된 사례로 이 점을 들어 이상한 지역이라고 말하는 것이다. 다시 말해 타지에서 온 외부인이지만 지금은 모두 나시인이라는 것이다. 이에 대해서는 과거의 일화들이 있는데 이는 전문가가 직접 집필한 서적에서 찾아볼 수 있으므로 본론에서는 생략한다.

그리고 리장은 한족 문화 수준이 가장 높은 도시 중 하나이다. 그 이유는 한족을 배척하는 것이 아니라 외부인들 또한 포용하여 나시족, 나시인이 되었기 때문에, 각각의 소수민족이 서로 융합하여 공동체를 만들어냈기 때문이다. 전문가들은 이를 "我中有你你中有我", 즉 "내 안에 네가 있고 네 안에 내가 있다"라는 말을 하며 그만큼 나시족 사람들이 산과 같은 성격과 포용력을 지니고 있다고 말한다. 또한 이러한 성격은 사람들이 쉽게 호감이 생기도록 하며 외부인들이 리장에 정착하는 데 어려움이 없게 하는 주된 요인이다.

리장 외사처에도 한두 가지 질문을 준비해갔다. 첫 번째, "경제 발전으로 인한 소수민족 문화의 소실을 어떻게 막는가"이다. 이에 대해서는 기본적으로 문화를 보존하려 노력하나, 어쩔 수 없이 소실되는 문화도 있으며 그런 문화는 소실되기까지의 기간을 늦추려고 노력한다고 했다. 제도적으로 시행되고 있는 방법에 대해서 들을 수 있었는데, 먼저 리장시 고성구역에 나시족 민족 음악 보호 관리법을 제정했고 옥룡 나시족 구역을 제도화하여 보존하고 있다. 두 번째는 문화유산 보호제도를 제정해서 한 현의 비물질 문화유산 보호제도를 국가급부터 현급 수준까지 나누어 제정하고 있다. 마지막으로 학교 등 교육기관에 지원하는 항목들은 곧 관광과 민족문화를 연계해 초등학교 때부터 민족문화 항목이 편성될 것이라고 한다. 앞서 말한 리장의 비물질 문화는 전통음악, 무술, 민속, 의약 등 10개 항목으로 편성이 되어있고 지금은 국가급에서 촌급으로 축소된 상황이다. 이를 유지하는데 받는 보조금은 1년에 1400위안(한화 약 23만원)에 불과하여 리장에 있는 민족문화생태 보호구역도 희소하다고 한다.

두 번째 질문은 동파문자가 한문으로 번역되는 과정이다. 이에 대해서는 두 분의 전문가들이 답변해 주었다. 동파문자 한 글자를 한문 한 글자로 변환하는 것은 불가능하다. 그러므로 하나하나 똑같이 번역할 수는 없고, 동파문자 성질에 따라 의미를 비슷하게 한문으로 변환시킨다. 동파문자는 고정된 뜻이 없고, 현재 동파문자를 알아볼 수 있는 사람도 얼마 남지 않았다. 또한 각각의 동파문자가 정해진 뜻이 없는 이유는 옛날에는 종이가 적었고, 대나무로는 글을 적기가 힘들었기 때문이다. 그래서 과거에는 긴 글(예를 들어 시)을 한 글자(동파문자)로 쓰기도 했다고 하였다.

<그림 5> 리장 외사처   <그림 6> 리장 외사처
직원분들께 선물 증정

5) 리장시 박물관

리장시에는 주로 나시족이 거주하고 있으며, 리장시 박물관에서
는 문자, 언어, 음악, 예술 각 방면에서 풍부한 자료를 통해 나시족
의 문화를 이해할 수 있다. 리장시 박물관은 1984년에 건립된 리장
시 1호 박물관이며, 상형문자와 고대 서적(민간전설)을 포함하는 동
파 문화(东巴文化)를 주로 전시하고 있다. 리장시는 유네스코 세계문
화유산에 등재된 목록이 3개가 있다. 리장 고성, 시짱에서 발원한 3
개의 강, 문화유산 증서이다. 또한 나시족에 관해서는 우리나라의
단군신화와 비슷한 나시족의 기원에 대한 동파문자로 쓰인 역사를
해석한 것을 들을 수 있었다. 설화에 따르면 고대 7자매 중 재해로
인하여 살아남은 형제 한 명이 여신과 혼인하여 자식 3명을 두었고,
각각이 장족, 나시족, 백족의 기원이 되었다고 한다. 나시족은 알에
서 태어난 인물이 나시족의 기원이라고 보고 있다. 나시족은 기본적
으로 모계사회이고 이 모계사회 문화는 지금까지도 보존이 잘 되어
있다고 한다. 또한 자연을 숭배하며, 티베트 불교의 영향도 많이 받
았다. 나시족은 고대부터 유목 생활을 한 탓에 이민이 잦아 여기저

<그림 7> 리장 박물관 입구

기 흩어져 거주하고 있으며, 나시족 문자를 동파문자라고 부르는데 이를 정리해둔 다양한 책이 존재한다. 박물관 그리고 리장 시에서도 현재 동파문을 완벽하게 번역하기 위해 연구회를 설립하는 등 노력을 기울이고 있다.

IV. 나가며

본 연구조사 내용을 정리한 결과, 윈난성의 소수민족 문화 접변 현상은 여러 소수민족의 오랜 역사적 연관성과 소수민족 특유의 온화한 성격으로 인해 생겨난 현상이었다고 판단했다. 중국 윈난성에는 쿤밍시와 리장시를 제외하고도 따리, 샹그릴라 등 저명한 도시가 있다. 또한 "소수민족의 문화 접변 현상"이라는 주제를 조사하기 위해서는 필연적으로 국경 접경지역 또는 오지로 방문해야 하는 어려움이 있었다. 대학생 신분으로 이러한 지역을 방문하기에는 제한이 따르기도 하고 안전상 위험하기 하므로, 우리는 윈난 내 대도시인 쿤밍시 또는 리장시로 향하여 대학교, 정부기관 등 공식 기관을 방문하여 조사와 인터뷰를 진행하였다. 이러한 조사와 인터뷰를 통해 아래의 윈난의 특징을 정리할 수 있었다.

첫째, 윈난성의 대다수 주민은 '소수민족'이다. 하지만 한족을 차별하지 않는다. 중국에 제도상으로는 56개 민족이 존재하며 또한 윈난성에는 25개 토착 민족이 거주하나, 이들에게는 모두 '같은 지역 주민' 혹은 '우리는 모두 중국인'이라는 개념이 더 친숙하였다. 둘째, 서적 또는 자료로만 접했던 소수민족 간의 갈등과 현지인에게 직접 듣는 것은 그 양상이 달랐다. 여러 소수민족이 서로 협력하며 공존하고 있었고 개개인 간의 갈등은 존재할 수 있겠으나 대표적인 큰 갈등은 존재하지 않았다.

본 연구의 한계는 다음과 같다. 첫째, 짧은 조사 기간이다. 이번 글로벌챌린지 프로그램의 조사 기간은 7박 8일이지만 출국과 귀국 시 이동 시간에 하루가 걸려, 계획했던 연구 일정들을 다 소화하기엔 촉박한 시간이었다. 게다가 쿤밍과 리장 두 도시를 방문하게 되면서, 도시 간의 이동시간까지 고려하면 실질적으로 연구를 진행할 시간이 많이 부족했다. 둘째, 실질적인 현지 문화 체험이 어려웠다. 소수민족 문화 조사에 있어 생동감을 추구하기 위해 현지인 인터뷰, 박물관 견학을 했으나 실질적인 소수민족의 생활습관을 체험하기에는 한계가 있었다. 과거의 가옥과 문화풍습 등의 사진을 보고 강의를 듣는 기회는 많았으나 실제로 소수민족들과 함께 생활해 볼 기회는 없었다.

참고문헌

<논문>

냉정초, 「운남 소수민족지역 문화관광자원에 관한 연구」, 신라대학교 석사학
    위 논문, 2008년

이박, 「중국 소수민족 문화관광자원 연구 : 중국 운남지역 중심으로」, 경기대
    학교 석사학위 논문, 2014년

김덕삼, 「문화접변으로 바라본 中國 雲南省 少數民族 교육의 변화」, 『教育問
    題研究(Journal of research in education)』제23호, 2005년, pp2-4.

<인터넷 자료>

[네이버 지식백과] 둥바문화 박물관 [Dongba Culture Museum, 东巴文化博物
    馆] (네이버 기관단체사전 : 전시관, 굿모닝미디어).

[네이버 지식백과] 둥바문화박물관 [Dong ba wen hua bo wu guan, 东巴文化
    博物馆 (동파문화박물관)] (두산백과).

[네이버 지식백과] 윈난대학교 [Yunnan University, 雲南大學校] (두산백과)

[네이버 지식백과] 리장고성 [丽江古城, Old Town of Lijiāng] (중국행정구획
    총람, 2010. 8. 1, 도서출판 황매희)

[네이버 지식백과] 윈난 민족촌 [Yunnan Ethnic Village] (저스트고(Just go) 관
    광지, 시공사)

https://baike.baidu.com/item/%E7%9F%B3%E6%B7%8B/2782161

http://wap.zjjxzmlvyou.com/kmyyepcwd/

https://zhidao.baidu.com/question/41651779.html?fr=iks&word=%C0%F6%BD
    %AD%B9%C5%B3%C7&ie=gbk

https://baike.baidu.com/search/none?word=%E4%B8%BD%E6%B1%9F%E4%B
    A%BA%E6%B0%91%E6%94%BF%E5%BA%9C%E5%A4%96%E4%B
    A%8B%E5%8A%9E%E5%85%AC%E5%AE%A4&pn=0&rn=10&enc
    =utf8

<여행소감 한 마디>

　　나는 외부인의 관점에서 소수민족의 문화를 생각하고 있다는 것을 알게 되었다. 그간 티베트족, 위구르족과 중앙정부 간의 갈등을 보여 운남성에서도 막연하게 속해 있는 민족이 다르니 갈등이 있으리라는 생각을 했다. 하지만 운남성에서는 서로 간의 융합을 우선시하며, "우리의 선조는 같다"라는 생각으로 서로를 배척하지 않고, 그냥 옆집의 사람 혹은 자신의 상사로 여기며 민족을 우선으로 두고 생각하는 것이 아니라 사람을 먼저 두고 생각한다는 것을 배웠다. 막연하게 사람 개개인의 특성과 성격보다 민족적인 특성을 우선시하여 갈등이 많으리라 생각했던 나 스스로를 반성하는 시간이 되었다.(강보경-중국학과)

10장 지구온난화로 인한 알래스카 원주민 이주 문제

2017년 하계 글로벌챌린지: 미국

팀명: 아이스에이지

팀원: 심은지(국제지역학부, 3학년)

허호강(국제지역학부, 4학년)

심유림(국제지역학부, 4학년)

홍혜진(국제지역학부, 4학년)

Ⅰ. 들어가며

본 연구팀의 연구주제는 지구온난화로 인한 알래스카 원주민 이주문제이다. 본 연구팀은 1920년대 초 북극 원주민 이티비무이츠 족의 모습을 담은 다큐멘터리 '북극의 나누크'를 보고 탐방을 계획하게 되었다. 이 다큐멘터리를 통해서 과거 북극 원주민의 주된 생활양식은 수렵이며 그들이 백인 무역업자와 교류하고 이글루를 지어 생활하였다는 것을 알 수 있었다. 이후 과거와 달라진 현재 북극 원주민의 생활상을 알아보기 위해 2008년에 큰 화제가 되었던 다큐멘터리 '북극의 눈물'을 찾아보았다. 총 3부작으로 이루어진 '북극의 눈물'은 해빙을 비롯한 북극의 기후 변화와 기후변화로 인해 북극 이누이트 족 마을에 찾아온 여러 변화와 문제들을 다루고 있었다. 북극의 빙하가 녹아감에 따라 원주민들의 주요 생활 방식이었던 수렵이 가능한 범위가 줄어들어 그들의 생계는 위협을 받게 된다.

기후 변화로 인해 빙하가 빠른 속도로 녹아 해수면이 상승하고 빙하의 면적이 급격히 줄어들고 있다. 이로 인해 북극해에 위치하고 있는 알래스카에서는 환경문제를 비롯한 여러 사회문제가 발생하고 있다. 그 대표적인 예가 원주민들의 이주문제이다. 미국 내에서 이주를 결정한 첫 사례가 된 지역은 알래스카 시시마레프(shishimaref)이다. 이곳은 20년 안에 섬 전체가 물에 잠길 것으로 예상되며, 현재 거주 중인 600여명의 원주민들은 이주하기로 했다. 시시마레프 지역은 환경변화로 인해 원주민의 삶이 위협받고 있고, 평범한 자유를 누리기 어려운 상황이라는 것을 보여준다.

2015년 수립된 지속가능한 개발목표 이행을 위한 국제개발협력 사업이 활발히 이루어지고 있다. 각 국가의 포괄적 발전과 현 인류의 보편적 자유 그리고 권리의 추구에 있어서 환경변화라는 불가피한 상황에 어떠한 대처방식이 필요한지에 대해 생각해보고자 한다.

II. 연구목적

가. 글로벌 이슈에 대한 직접적인 접근을 위해 탐방

세계화의 시대 속에서 국제개발협력은 2015년 수립된 SDGs(지속가능한 개발 목표)를 중심으로 이루어지고 있다. 즉 글로벌 이슈에 대해 국제 사회적 차원에서 해결하려는 노력이 이루어지고 있음을 알 수 있다. SDGs는 17개의 목표와 169개의 세부목표로 구성되며, 빈곤·식량안보·교육·성평등·해양 및 생태계 보존·에너지·기후변화 그리고 글로벌 파트너십 등 여러 분야에서 포괄적으로 개발목표를 제시하고 있다. 또한 기후변화와 청년 일자리 창출, 국가 내

빈곤층 해소 등 개발도상국뿐만 아니라 선진국에도 해당하는 목표들을 포함하고 있다. 본 연구팀은 SDGs 중에서 선진국을 대상으로 했으며, 세계적으로 파급력이 큰 기후변화 문제와 이에 따른 이주문제에 대해 주목했다. 기후변화 문제는 현재 여러 문제를 유발하고 있다. 대표적인 문제가 이주문제다. 이에 탐방을 통해 SDGs가 다루고 있는 글로벌 이슈들이 전 세계에 미치는 국제적 영향력에 대해 인지하고 SDGs의 세부적 실천에 대한 방향성을 제시하고자 한다.

나. 국내·외 사회에서 알래스카의 기후 및 이주문제에 대한 인식제고

본 연구팀이 탐방하고자 하는 지역은 미국의 알래스카로, 현재 지구온난화에 따른 해수면 상승으로 인해 기후변화와 이주문제가 심각하다. 특히 알래스카의 시시마레프(Shishimaref) 지역의 주민들은 주거지가 침수되어 더 이상 거주가 어려워져 새로운 거처를 마련해야만 한다. 그러나 그들의 이주비용에 대한 정부나 국제기구의 관심과 재정적 지원은 턱없이 부족한 상황이다. 이러한 문제의 심각성에 대해 많은 사람들이 인식하지 못하고 있으며 국제사회의 관심 또한 받지 못하고 있다. 이에 이 문제에 관한 국제사회의 인식개선이 효과적으로 이루어질 수 있는 방안을 마련해보고자 한다.

Ⅲ. 연구 내용

가. 기후변화에 따른 알래스카 생태계를 비롯한 해양 환경의 변화 실태와 알래스카 해빙 문제의 심각성

키나이피오르 국립공원을 탐방하여 알래스카에서 변화하고 있는 생태계 및 해양 환경 구조를 조사했다. 키나이피오르 국립공원의 대표적인 빙하인 Exit 빙하에서 매년 감소하는 빙하 면적과 현재 빙하의 상태를 직접 확인했다. 또한 국립공원에 비치되어 있는 연간 해빙 면적 감소 기록표 자료를 통해 해빙 문제의 심각성을 조사했다.

나. 기후 변화로 인한 이주 문제의 현황과 실태

Heritage Center에 있는 알래스카 원주민과의 인터뷰를 통해 원주민 이주 문제의 심각성과 그들이 원주민 문화를 보존하기 위해 어떤 노력을 하고 있는지 조사했다. 더불어 현지의 기후 문제와 이주 문제에 대한 그들 스스로의 노력과 실행 가능한 해결방안을 조사했다. 나아가 알래스카 현지 지역 전문가 김종철 씨와의 인터뷰를 통해서 더 구체적으로 기후 변화와 이주 문제와의 연관성을 알아보고, 기후 문제와 더불어 이주 문제의 또 다른 근본적인 원인을 조사했다. UAA에서 원주민학을 전공하는 Maria교수를 인터뷰하여 기후변화가 원주민들의 삶에 어떤 영향을 미치고 있는지 조사했다.

다. 알래스카의 기후변화 및 이주문제에 대한 인식도

　UAA대학교의 원주민 학생들과 Ninilchick 연어 페스티벌에 참여한 원주민, 관광객들을 대상으로 설문조사를 실시했다. 약 50명의 응답자를 통해 기후변화와 원주민 이주문제에 대한 인식정도와 관심도, 그리고 그들이 생각하는 해결방안에 대한 의견을 수렴하였다. 설문조사와 함께 관광객들의 인식을 개선하기 위한 캠페인을 벌였다.

Ⅳ. 연구 분석 및 결과

가. 기후변화에 따른 알래스카 생태계를 비롯한 해양 환경의 변화 실태, 알래스카 해빙 문제의 심각성

키나이피오르 국립공원에는 알래스카 최대의 빙하인 Exit 빙하와 200년 간의 해빙 구간을 표기해놓은 표지판을 볼 수 있었다. 특히 2005년부터 2010년까지 5년간 Exit 빙하가 가장 많이 해빙한 것을 알 수 있었다. 국립공원 관계자에 따르면, 그가 근무한 12년 동안 빙하가 빠르게 녹는 것을 체감할 수 있었다고 한다. 또한 빙하가 녹으면서 드러나는 토지의 면적으로 인해 야생동물의 개체 수가 줄어들었다. 이전에 방문하는 국립공원 관광객들은 쉽게 야생동물들을 관찰할 수 있었지만 현재는 관찰하는 것이 어려워졌다고 한다. 또한 수온이 높아지면서 해양생태계의 교란도 일어나 해양생물도 많이 줄어들었다고 한다.

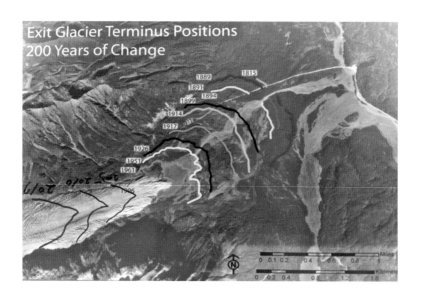

Exit Glacier Terminus Positions
200 Years of Change

나. 기후변화로 인한 이주문제의 현황과 실태

다음은 여러 인터뷰를 녹취한 파일과 기록을 토대로 분석한 내용
이다. 이러한 원주민들의 이주문제는 좀처럼 개선되지 않는 몇 가지
이유가 있다. 크게 세 가지로 분류될 수 있다.

첫 번째는 원주민들에게 지원되는 정부 배당금이다. 현재 알래스
카 키발리나 지역의 경우에는 해빙 속도가 빨라 침수가 심해서 쓰레
기 더미로 포대를 쌓아 둑을 설치했다. 거주 이전이 시급한 상황이
나 이들은 이주하지 못하고 있다. 왜냐하면 현재 거주지에서 천연자
원에 대한 정부의 배당금을 받고 있는데, 이주하려면 이 배당금에
해당되는 지역을 벗어나야 한다. 그렇게 되면 배당금을 받을 수가
없어서 원주민들이 쉽사리 이주를 하지 못하는 상황이다. 또한 마을
의 대표 혹은 기관의 담당자들이 대개 백인들인데 이들은 원주민들

이 처한 상황을 방치하면서 자연스레 마을을 떠나기를 바라고 있다. 자연스럽게 마을의 이주문제를 해결할 수 있기 때문이다.

더 큰 문제점은 앵커리지와 같은 도심지로 이주를 해온 원주민들은 홈리스로 전락해버리는 경우가 대부분이다. 그 이유는 미국의 문물(술, 대마초, 마약)이 들어오면서 원주민들은 배당금으로 이러한 것들을 즐기다가 사건 사고에 휘말려 홈리스가 되어버린다. 실제로 차를 타고 이동할 때 길가에 홈리스들을 많이 볼 수 있었다. 하지만 이러한 문제를 미국 정부는 방치하고 있다.

두 번째로 원주민들의 교육률이 낮아 그들이 직접 목소리를 내세워 자신들의 처한 상황을 개선하기 힘들다. 원주민들은 교육에 대한 열망이 낮다. 왜냐하면 그들은 생계를 유지하는 것이 우선이기 때문이다. 또한 알래스카에 원주민 마을이 약 200개 정도 있는데 이중 큰 마을은 20군데 밖에 없다. 큰 마을들을 제외하고는 제대로 된 복지시설들이 드물고 교육 시스템도 잘 갖추어있지 않아 체계적인 교육이 이루어지기 힘들다. 이러한 이유로 인해 원주민들의 취직 또한 어려움을 겪고 있는 실정이다. 그러나 최근에는 원주민 사회에서도 어업활동이 점차 힘들어지자 교육을 통해 직업을 가져야 한다는 생각을 갖게 되면서 점차 교육열이 높아지고 있다.

마지막으로 트럼프 정부의 폭력적이고 무분별한 정책이 원주민 사회는 물론 알래스카 전역에 큰 영향을 끼치고 있다. 미국의 전 오바마 대통령은 북극보존의 정책들을 펼쳤다. 하지만 트럼프 정부는 이 정책들을 전부 폐기하고 가스회사와 무기회사들의 개발을 전부 동의하였다. 이로 인해 무분별한 개발이 진행되면서 환경파괴가 심각해지고 있으며, 기존에 금지되었던 새끼 북극곰 사냥을 비롯해 경비행기를 통한 사냥 등이 허가되면서 알래스카 생태계가 큰 타격을

받기 시작하였다. 나아가 원주민들의 삶의 터전이 없어지고 있으며
생태계 파괴로 인해 식량 보급에도 큰 문제가 생겼다.

다. 알래스카의 기후변화 및 이주문제에 대한 인식도

알래스카 기후변화 및 이주문제에 대한 인식도를 설문 조사한 결
과이다. 응답자 총 47명 중, 여성 응답자가 27명, 남성 응답자가 20
명이었으며, 연령대별 응답자의 분포는 20대가 22명, 30대가 10명,
40대가 7명, 50대가 5명, 60대 이상이 3명이었다. 다음은 연령대와
성별을 묻는 문항 1, 2를 제외한 나머지 설문 문항들에 대한 결과
및 분석이다.

3. Do you think climate change threatens your personal
   health and safety?

Strongly Agree	30
Agree	10
Neutral	5
Disagree	1
Strongly Disagree	1
Total	47

응답자 중 약 85%는 '기후변화가 개인의 삶에 영향을 많이 끼친
다.'에 '동의', '매우 동의'를 응답하였다. 또한, 이 중에서도 '매우 동
의'가 더욱 높은 비율 이였으며, 이는 기후변화가 개인적인 차원의
문제에서 더욱 확대되어 사회적 차원의 문제에 충분히 영향을 미칠
수 있다는 것을 알 수 있다.

4. Please list all of the things that you think could cause climate change.

pollution	natural causes	air quality
population	CO2	food production
mineral extraction	farming	greenhouse gases
fossil fuels (ex. coal)	methane	human energy
industry	aerosol	etc

위는 응답자들의 답변을 추려서 나열한 것이다. 기후변화가 자연적인 현상이라는 응답에 비교하여 대부분의 원인은 산업의 발달 및 지역의 개발로 인해 배출되는 오염물질(이산화탄소, 메탄가스, 온실가스) 그리고 화석연료가 기후변화의 주된 원인이라고 응답하였다. 이는 과거에서부터 지속된 전 인류를 위한 무분별한 개발로 비롯된 것으로 파악할 수 있다.

5. Have you heard or read anything about the environmental migrant issue

(especially resulting from climate change)?

Yes	40
No	7
Total	47

5-1. If yes, where did you get the information?

TV	8
Internet	23
Newspaper	3
Social Media	5
Somewhere else	1
Total	40

기후변화로 인한 이주 문제에 대해 인지하고 있는 응답자는 약 85%(40명)였으며, 문항 5에서 'Yes'를 응답한 응답자들을 대상으로 한 5-1 문항에 대해서 정보를 접하는 경로를 'Internet'을 선택한 응답자들이 57%로 대부분이었으며 이외의 다른 미디어는 그 비중은 비슷하였다. 이에 대해서 기후변화 문제와 관련된 여러 사회적 문제 중 이주문제가 일상생활이나 사회에서의 인식에 있어서 깊게 자리하고 있음을 알 수 있다. 또한, 인터넷이라는 매체가 가지는 정보의 파급력과 다양한 정보에 대한 접근성이라는 특징 때문에 인터넷이 사람들이 쉽게 정보를 접할 수 있는 경로가 된 것으로 보인다.

6. Do you personally think that the environmental migration issue is related to

your daily life?

Strongly Agree	33
Agree	11
Neutral	1
Disagree	1
Strongly Disagree	1
Total	47

응답자의 약 93%(44명)가 기후변화로부터 야기되는 이주문제가 그들의 삶에 많은 영향을 끼치고 있다고 응답하였다. 이는 문항 3과 관련하여, 사람들의 삶에 기후변화 문제가 끼치는 영향력과 매우 유사한 결과로서, 기후변화 문제와 이주문제가 개인의 삶에 있어서 중요한 문제로 간주될 수 있음을 알 수 있다.

7. As far as you know, what do you think is the best solution for the environmental migration problem?

Spreading information about climate change
Limiting emissions
Better climate change policy
Passing on standard equipment nomenclature list
Info-peer-reviewed scientific evidence
Being conscious over use of energy
Working with other countries to provide refuge
Taking an action on climate change as an emergency
More educational system on environmental issues
Interesting campaigns to promote recognition on climate change for citizens
etc

위는 응답자들의 답변을 추려서 나열한 것이다. 대부분 원주민 이주 문제를 환경문제의 일부로 인식하고, 이주 문제를 해결하기 위해서는 인식 개선뿐만 아니라 정책 차원에서의 기후변화 문제가 먼저 해결되어야 한다고 생각하고 있다. 한편 다른 나라와의 협력이 필요하다고 응답한 응답자가 여러 있었다는 점에서 국제개발협력의 중요성을 알 수 있었고, 기후변화에서의 국제개발협력이 더욱 활발하게 이루어진다면 문제해결이 효과적으로 이루어질 것이라 기대하고 있음을 알 수 있다.

V. 나가며

현지조사를 통해 알래스카의 기후변화 및 원주민 이주문제에 대한 심각성을 알 수 있었다. 인간의 소비활동을 위한 석유와 가스 개발이 지속되면서 각종 오염 물질이 증가하여 지구온난화가 심각해졌다. 그리하여 1800년 이후 해빙 속도가 증가하게 되었고 해수면이 상승하여 북극지역의 생태계가 변화하면서 대다수 동물의 개체 수가 줄어들었다. 이는 원주민들의 삶에 직접적인 피해를 야기했다. 얼음이 얼어있는 기간은 점차 짧아지고 빙하가 녹게 되었다. 이로 인해 어업활동이 생계에 있어서 가장 중요한 원주민들의 활동 반경이 점점 좁아졌고, 거주지가 침수되어 이주문제에 직면하게 되었다.

이와 같이 이주문제에 직면하게 된 원주민들을 비롯하여 알래스카 거주민들에게 미국 정부는 1982년부터 천연자원에 대한 배당금을 인당 2천 달러씩 지원했다. 이러한 지원이 긍정적으로 보일 수 있으나 원주민들에게 경제적 혜택을 주면서 자연스레 이주를 하게 유도하고자 하는 의도가 다분하다. 경제적 이유로 도시로 이주한 원주민들은 이전과는 다른 생활양식과 도시민과의 경제적 능력 그리고 교육수준의 차이로 도시사회에 적응하지 못하고 홈리스로 전락하는 등 많은 문제가 있다. 하지만 미국 정부에서는 이를 방치하고 있다.

이러한 상황 속에서 북극위원회와 같은 환경단체들은 국제회의에서 기후변화에 대한 해결을 위해 여러 논의를 진행하고 있으나 실효성은 떨어진다. 그러나 젊은 원주민들을 중심으로 자신들의 열악한 상황을 파악하고 이를 개선하기 위한 교육의 필요성을 점차 인지하게 되면서 원주민의 사회적 지위가 향상되었다고 할 수 있다. 나아가 현재 원주민들이 처한 열악한 상황에 대해 알리고, 점차 사라지고 있는 자신들의 문화를 보존하려는 움직임이 활발하다.

끝으로 현재 원주민들의 교육률은 지속적으로 향상되고 있고 이러한 변화는 향후 기후변화 대응과 기후변화로 인한 원주민 이주문제를 해결할 수 있는 원동력이 될 것이다.

<여행소감 한 마디>

이번 하계글로벌챌린지를 통해 20년 사이에 없어진 빙하를 보며 지구온난화로 인한 기후변화의 심각성을 알 수 있게 되었습니다. 점차 없어지고 있는 엑시트 빙하를 비롯한 알래스카 만년설, 눈이 많이 내리지 않는 알래스카, 따뜻한 알래스카로 변하고 있는 현재 알래스카의 기후문제 더 나아가 지구의 기후문제는 앞으로 지속적으로 우리가 신경써야할 부분이라고 생각이 됩니다. 또한 이번 경험을 통해 많은 주변인들에게 이러한 지구온난화로 인한 기후변화 문제에 대해 경각심을 알리고자 합니다.(허호강-국제지역학부)

11장 문학의 도시 더블린 탐방을 통한
부산 문학의 발전방향 모색

2017년 하계 글로벌챌린지: 아일랜드

팀명: Do-Blin'

팀원: 배기철(영어영문학부, 4학년)

김동찬(영어영문학부, 4학년)

김민정(영어영문학부, 3학년)

이진영(영어영문학부, 4학년)

최영인(영어영문학부, 2학년)

Ⅰ. 들어가며

더블린은 유럽 서쪽 끝에 위치한 작은 섬나라 아일랜드의 수도로
문학의 도시라고 불린다. 제임스 조이스, 조지 버나드 쇼, 윌리엄 버
틀러 예이츠, 셰이머스 히니, 조나단 스위프트 등 세계적인 걸작을
남긴 저명한 작가들이 이곳 출신이다. 더블린은 이들의 작품과 관련
유적들을 잘 보존하고 나아가 관광요소로 발전시켜 성공적으로 관
광객들을 유치했다. 곳곳에 문학 관련 유적, 동상, 박물관 등이 있으
며 특히 수많은 선술집들에도 작가들의 친필 편지와 관련 유품들이
전시되어 있다. 반면 부산은 여러 유명한 작가의 작품들과 관련된
유적이 많지만 보존 상태가 좋지 않으며 상품화되지 않았다. 이에
우수하고 모범적인 문학 관광 유치에 성공한 더블린을 탐방하여 문
학 관련 관광요소들의 우수한 사례들을 부산에 적용하면 좋을 것이

라 생각한다.

탐방 목적은 다음과 같다.

　가. 더블린(아일랜드)의 문학예술 발달 배경 연구

　나. 더블린의 문학예술 관련 관광 소재 답사

　다. 더블린 시민들과 더블린을 방문한 관광객들을 대상으로 문학 관광지에 대한 설문조사 실시

　라. 서로 비슷한 식민지 역사를 가진 문학의 수도 더블린 현지 조사를 통해 부산 문학관광의 발전 방향을 모색

　마. 더블린 작가 박물관, 제임스 조이스 센터, 제임스 조임스 타워, 데이비 번스 펍 관계자들과의 인터뷰를 통해 모범적인 문학 관광지 보전, 유지, 발전 방향을 모색

II. 탐방 내용

문학으로 유명한 아일랜드의 더블린 만큼 작품과 관련된 혹은 작가와 관련된 관광지가 대단히 많다. 그중에서 우리는 대표적인 4곳의 장소를 집중적으로 탐방하고 관계자와 인터뷰하였다. 그리고 전체적인 문학 관광지의 인식을 조사하기 위해 3곳의 장소에서 더블린 시민과 학생 그리고 그곳을 방문한 관광객들을 대상으로 설문조사를 실시하였다.

1. 더블린 작가 박물관

<그림 1> 작가 박물관의 작가들

아일랜드를 빛낸 작가들을 모아 한 곳에서 기념하는 작가 박물관은 작품을 넘어서 작가들의 생애를 보다 가까이서 접할 수 있는 곳이다. 조나단 스위프트 (Jonathan Swift), 제임스 조이스 (James Joyce), 조지 버나드 쇼 (George Bernard Shaw), 윌리엄 버틀러 예이츠(William Butler Yeats),

셰이머스 히니(Seamus Heaney) 등 유명한 작가들의 유품, 예를 들면 그들의 초상화와 작품, 그리고 친필 원고와 작가의 손때가 묻은 타자기 같은 유품들을 전시하고 있다. 이곳을 방문하는 특정 작가 또는 특정 작품의 팬이라면 더욱 열광하며 관람할 수 있다. 이곳이 문학적으로 큰 의미가 있는 이유는 위와 같이 훌륭한 작가들의 자료를 한곳에 모아 효율적으로 기념하기 때문이다. 개별 작가 박물관도 그들 개개인의 작가와 작품들을 기념할 수 있지만, 개별적인 관광지로 자리매김하기에는 콘텐츠들이 부족하다. 이 점에서 작가 박물관은 여러 작가들의 다양한 생애를 엿볼 수 있다는 것이 큰 장점이다.

작가박물관은 여러 작가를 섹션별로 나누어 작가의 생애와 작품을 설명하는 글과 작가의 개인 유품들을 전시하고 있다. 특이한 점은 작가의 생애와 작품 활동을 설명하는 긴 설명글 아래 작가의 가장 큰 업적을 한 문단 정도로 정리하여 둔다는 것이다. 자칫 지루할 수 있는 작가의 설명에 간단한 요약 글을 덧붙여 두는 것은 수월하게 이해할 수 있도록 도와주고 새로운 작가에 대한 접근성을 높여주는 좋은 방법인 것 같다. 그리고 작가박물관 입구에서 무료로 대여할 수 있는 오디오 가이드는 작가 번호를 입력하면 부가적인 오디오 설명을 해준다. 시각적인 전시뿐만 아니라 작가의 육성으로 작품의 구절을 낭송해주거나 특정 작품에 대한 흥미로운 이야기를 풀어 주는 등 다채로운 즐길거리를 제공한다.

<그림 2>
작가박물관 내부

박물관의 2층에는 오스카 와일드와 같은 아동문학으로 유명한 작가들의 책을 시각화하여 색색의 그림이나 조형물로 표현 해 놓았다. 책을 사랑하고 문학을 많이 접하는 성인들뿐만 아니라 아이들에게도 좋은 구경거리가 될 것 같았다. 이처럼 작가박물관은 단순히 작가들에 대한 컬렉션들을 전시하는 것에서 그치지

<그림 3>
오디오 가이드

않고 시각, 청각, 그리고 아이들을 위한 공간까지 다채로운 관광요소들을 제공하며 관광객들을 끌고 있었다.

작가박물관 관계자의 인터뷰에 따르면 이곳은 아일랜드의 문학과 몇몇 자가들을 기념하기 위해서 시작되었지만, 이제는 20명이 넘는 작가들의 전시가 이루어지고 있으며 홍보 효과도 있다고 한다. 한 작가의 작품에 대한 전시를 관람하러 왔다가 다른 작가의 생애나 작품 활동에 관심을 가지고 새로운 정보를 얻어가는 관람객들도 많다고 한다. 작가 박물관의 최대 장점인 다양한 작가 유치가 관람객에게 새로운 영향을 미치고, 그 영향은 아일랜드 전체 문학에 대한 관심으로 이어지는 것이다.

또한 관계자는 이곳이 관광지로서의 효과도 누릴 수도 있지만 작품과 관련된 다양한 물건들을 수집해서 보존하는 것만으로도 이 나라 문학의 완성도를 높여 주는 것이라고 말했다. 작품에 관련된 사사로운 물건이라도 가치를 두고 박물관에 전시하는 것이 그 나라의 문학에 대한 관심을 보여주는 것이다. 나아가 이것을 '작가 박물관'이라 칭하는 곳에 모아서 관광요소로 활용하여 관광객에게 새로운 관심을 끌어내는 것이 바로 '아일랜드 문학'을 유지·발전시키는 큰 원동력일 것이다. 한 나라에서 특정 문화가 발전하기 위해서 필수적으로 뒷받침되어야 하는 것은 사람들의 관심이다. 더블린 작가 박물관은 사람들로 하여금 문학에 대한 관심을 어떻게 끌어내어 이것을 유지하고 확장하여 문학이라는 하나의 문화를 발전시키는지를 보여주는 좋은 예시가 될 것이다.

2. 제임스 조이스 센터

제임스 조이스 센터는 아일랜드 수도 더블린이라는 지리적인 이점과 제임스 조이스의 유명세로 많은 관광객을 유치하고 있다. 하지

만 단순히 이 두 요소만이 관광객
유치의 이유로 보기에는 부족하다.
그래서 우리는 직접 방문하여 어떤
콘텐츠들이 있는지, 또 어떤 노력을
하고 있는지를 관계자와의 인터뷰
를 통해서 연구해 보았다. 인터뷰는
모두가 센터를 둘러본 후 생긴 질
문들과 미리 준비한 질문들로 진행
하였다. 작가 박물관에 비해서 제임
스 조이스와 관련된 전시가 많지는
않았다. 조이스가 프랑스에서 작품
활동을 하던 시절에 살았던 아파트
에서 가져온 가구들 외에는 작가들
의 유품이나 작품들은 없었다. 하지
만 그 외에 현대적인 시설들은 매
우 잘 갖추어진 편이었다. 그의 생
애를 한눈에 볼 수 있는 터치스크
린의 기기나 조이스의 대표작 율리

<그림 4>
영화 율리시스

<그림 5> 터치스크린 기기

시스의 줄거리와 실제 더블린에서 등장한 장소들을 표시해주는 터
치스크린 기기는 굉장히 인상적이었다. 아래층에는 영화 율리시스를
상영해주는 장소도 있었다.

이후 관계자와 인터뷰를 했다. 본인도 조이스를 포함한 아일랜드
의 문학에 대한 지대한 관심을 가져왔고 그런 관심을 시작으로 센터
에서 일하게 되었다고 한다. 그는 본인도 작가박물관이나 제임스 조
이스 박물관에 많이 가봤지만 제임스 조이스의 생애나 율리시스를

<그림 6>
도식화된 조이스의 작품들

<그림 7>
다른 관광지 홍보 및 할인 티켓

이해하는 데에 대한 도움을 얻기에는 이 센터가 부족함이 있다고 느낀다고 한다. 크게 보면 제임스 조이스를 알리기 위함이라는 큰 목적은 제임스 조이스 박물관과 일맥상통하지만 좁게는 제임스 조이스의 생애, 작품활동에 대한 설명과 많은 작품 중 대표작인 율리시스에 대한 이해가 운영 목적이라 했다. 덧붙여 그녀는 타 박물관과 차이에 대해서 힘주어 설명했다.

그녀가 강조한 부분은 '시각'이었다. 제임스 조이스 작품의 테마나 스키마를 형상화한 작품들을 위한 공간도 있고, 비교적 최근에 들어온 터치스크린 기기에도 감각적인 디자인과 인터페이스를 넣기 위해 많은 시간과 비용을 할애했다고 했다. 자신들의 시각적인 또 현대적인 장점으로 살려 타 박물관과 차이를 둘 뿐만 아니라 이런 시각화와 독특한 디자인 등을 또 다른 문화로 탄생시키는 것이 하나의 목적이라고 했다. 단순히 센터의 발전뿐만 아니라 전체적인 더블린 관광을 위한 노력도 있었는데, 우리는 차마 못 보고 지나친 티켓들이었다. 티켓들은 피닉스파크나 그 안의 동물원에 대한 할인 혜택을 제공하기도 하고 비교적 덜 유명한 관광지에 대해 소개하고 있었다. 관계자의 말에 따르면 할인 혜택이 큰 수준은 아니지만 많은 관광객이 들고 간다고 한다. 그리고 일부 관광객들은 이런 티켓들을 통해서 목적지를 정하기도 한다고 했다. 관광객들에 대해서는 주로 블룸스데이가 있는 달에 관광객들이 몰리는 편이고, 센터를 찾는 대부분의 사람이 문학에 관심이 많은 사람이다 보니 제임스 조이스에 대한 기본 지식이 많은 편이다.

문학이 더블린에 끼친 영향에 대한 질문에 대해서는, 본 연구팀이 이 센터에 방문해 인터뷰를 요청한 것 자체도 문학 덕분이지 않느냐며 당연하다는 듯 말했다. 사실 일상생활에 문학의 영향이 크지 않지만, 관광 부분에서는 문학의 영향이 지대한 것은 사실이라고 말했다. 많은 사람들이 문학과 아일랜드의 대표 맥주 기네스를 주목적으로 여행을 오는 편이라서 편협한 관심에 대해서는 안타깝기도 하다고 했다. 하지만 이 두 자랑거리 덕에 관광객들이 많이 찾아오고 그들이 문학뿐만 아니라 아일랜드의 문화, 전통, 건물, 자연 등의 다른 관광지들을 찾기도 하니 그 파급효과가 엄청나다는 것을 피부로 느낀다고 한다. 그뿐만 아니라 국가 차원에서 문학 관련 관광지들에 대한 투자를 아끼지 않고, 단순히 옛사람들의 향수로 사람들을 불러오기에 그치지 않고 차기 문학가들의 육성을 위한 투자도 많다고 했다.

이번 제임스 조이스 센터 탐방과 인터뷰를 통해 우리나라 문학 관련 관광이 벤치마킹해야 하는 것으로는 시설이나 관리 방법 등이 있을 수 있다. 하지만 오래된 작품, 사람 등의 현대적인 표현 방식과 그것을 또 다른 문화로서 받아들일 수 있는 수용적인 태도가 더 중요하다고 생각했다.

3. 제임스 조이스 타워

이곳은 나폴레옹 전쟁 당시 영국은 프랑스의 침략에 대비한 52개의 감시탑 중 하나다. 제임스 조이스가 1904년 실제로 이곳에 일주일간 머물렀던 역사적 사실과 그의 유명한 명작 <율리시스>의 첫 장면이 이 타워에 대한 묘사로 시작하는 것을 기념하여 1962년 제임스 조임스 박물관으로 문을 열었다. 이곳은 더블린에서 열차(DART)를 타고 40분 가량 떨어진 샌디코브(Sandycove)라는 곳에 위치해 있다. 자연경관이 뛰어나고 해변을 따라 쭉 걷기만 하면 이곳에 쉽게 도착할 수 있어 많은 관광객이 찾는 장소가 되었다. 처음 문을 열고 들어가니 안내데스크에 자원봉사자 2명이 있고 근처 지역 지도, 제임스 조이스 책갈피, 방명록 등이 준비되어 있었다. 세계 여러 언어로 된 안내 책자가 비치되어 있었으나 한국어로 된 안내 책자는 찾아볼 수 없었다. 이는 다른 더블린의 관광지와 마찬가지여서 아쉬움이 컸다. 다른 관광지와 다르게 이곳 안내데스크에는 나이가 지긋한 두 분의 자원봉사자들이 친절하게, 그리고 신이 나서 이 장소에 대해 이것저것 설명해주었다. 이 모습이 매우 인상 깊었다. 안내 데스크를 지나 1층에는 그의 자필 글씨로 쓴 율리시스 첫 출판 원고와 다른 책의 초고 원고, 그가 지인들에게 썼던 친필 편지, 그가 실제 입었던 옷, 넥타이 등의 기념 유품 등이 전시되어 있었다. 또한 그의 실제 흑백 사진들과 그의 친 여동생이 이곳을 방문했을 때의 사진 등이 전시되어 있었다.

전시장들을 지나 안쪽으로 들어가면 매우 좁은 회전 돌계단이 나오는데, 이곳이 옛날 감시탑으로 쓰였기 때문에 사람 한 명이 올라가기도 비좁아서, 위에서 관광객이 내려오는 소리가 들리면 기다렸다가 올라가야만 했다. 2층으로 올라가니 제임스 조이스가 이곳에 머물렀던 1904년 당시의 모습으로 그가 머물렀던 방을 재현해 놓았다. 침대와 해먹이 있고 탁자 위에는 기네스 맥주병과 찻잔이 있었는데 마치 지금 당장 제임스 조이스가 나올 것만 같았다. 그의 유명 소설 <율리시스>의 첫 장면은 바로 이 방에 대한 묘사로 시작하는데, 그 묘사를 그대로 재현하기 위해 노력했다고 한다. 많은 사람들이 이 방에서 사진만 찍고 지나치는 게 아니라, 한동안 카메라를 내리고 이곳에 대해 깊게 음미하기 위해 눈을 감고 서 있는 모습을 볼 수 있었다. 회전 계단을 통해 한 층 더 올라가면 타워의 꼭대기인데, 예전에 전쟁 당시 봉화를 올리기 위한 시설과 깃발 하나가 꽂아져 있었고 샌디코브의 전 지역이 한눈에 들어오는 장관을 볼 수 있었다.

<그림 8> 1904년 당시 2층 숙소 재현

<그림 9> 제임스 조이스 타워 입구

　　타워를 충분히 감상하고 나서 다시 1층으로 내려가 안내봉사자

중 한 명인 Janet과 인터뷰를 하였다. 그녀는 이곳이 제임스 조이스가 실제로 이곳에 머물렀던 사실 하나만으로 무언가 단순히 박물관이라는 이름을 넘어서 그의 삶을 느껴보는 장소라고 생각한다고 말했다. 그 말에 공감하는 것이, 이곳에 방문한 대부분의 관광객이 서로 제임스 조이스와 그의 작품들에 대해 서로 깊은 대화를 나누는 모습을 쉽게 볼 수 있다. Janet은 사실 아일랜드에 15개의 감시탑이 남아있고 그 탑들이 모두 관광요소로 활용되고 있지만, 이 타워에 제임스 조이스가 이곳에 단 1주일만 안 머물렀다는 사실만으로 이 타워의 이름이 제임스 조이스 타워가 된 것은 흥미로운 사실이라고 했다. 이어 이 탑의 구조에 관해서 설명을 해주었다. 1층에는 원래 나무로 된 대문이 있었지만 1962년 박물관으로 개장하면서 유리문으로 설치되었으며, 한구석에 보관되어있는 기타는 실제 제임스 조이스의 친구가 50년 동안 보관하고 있던 유품인데 1966년 이곳에 기증하였다고 한다. 그리고 이곳은 원래 병사들이 사용하던 감시탑이었다. 하지만 1904년부터 그 실용성이 없어져 일반인들에게 집으로 렌트하기 시작했고 그래서 1904년 처음 이곳의 주인이었던 제임스 조이스의 친구의 초대로 그가 이곳에 머물렀던 것이다. 그리고 꼭대기의 깃발 색깔이 파란색인데, 이는 <율리시스>의 초판본의 색깔 파란색을 본 딴 것이라고 설명해주었다.

설명을 다 듣고 나서 우리가 궁금했던 점에 대해서 인터뷰했다. 먼저 이곳이 관광지로서 성공할 수 있었던 이유에 대해 그녀는 더블린에서 기차 하나만 타면 올 수 있는 교통의 편리함이라고 했다. 샌디코브의 아름다운 해안을 따라 조금만 걷기만 하면 이곳에 도착할 수 있고, 이곳이 해변의 끝이기 때문에 이 타워를 반환점으로 생각하고 관광객들이 이동하기 때문에 많은 관광객이 쉽게 찾아올 수 있다고 대답하였다. 또한 해변이 아닌 반대쪽에서 이곳으로 오려고 해도 옛 성 유적지를 따라 큰길로 쭉 내려오기만 하면 되기 때문에 누구든 쉽게 찾을 수 있다고 하였다. 그녀는 이곳 제임스 조니스 타워는 제임스를 정말로 사랑하는 자원봉사자들에 의해서 운영이 되기 때문에, 이곳을 방문한 관광객들이 쉽게 제임스에 대해 함께 이야기를 나누고 작품에 관해 토론을 할 수 있으므로 매우 의미 있는 장소라고 말했다. 예전에는 이곳이 입장료를 받고 4월에서 10월까지만 개방을 했었지만, 현재는 관광객들이 많아짐에 따라 연중무휴로, 무료개방으로 운영하고 있다고 설명해주었다.

<그림 10> 자원봉사자 Janet과의 인터뷰

4. 데이비 번즈 펍

아일랜드 문학을 탐구하는 사람들에게 있어 데이비 번즈 펍(Davy Byrnes Pub)은 필수 코스이다. 데이비 번즈 펍이 아일랜드 문학의 대표주자 제임스 조이스를 지금의 조이스로 있게끔 돕고 아일랜드의 문학 발전에도 결코 작지 않은 역할을 해왔기 때문이다.

아일랜드는 오랫동안 영국의 식민지였기 때문에 술과 흥을 좋아하는 아일랜드인이 영국식 펍을 즐기게 되었다. 단순히 술을 마시고 음악을 즐기는 공간인 한국에서의 펍과는 달리, 영국식 펍은 본디 Public House, 즉 공공장소로서 존재했다. 근대에는 최신 뉴스나 가십을 들을 수 있는 주요 정보원이자 뜨거운 토론 장소로서 문화의 탄생과 확산을 담당했다.8)

여행가이드 베스트셀러 론리 플래닛(Lonely Planet) 기준으로 여행객에게 친절한 나라 1위로 뽑힐 만큼9) 아일랜드의 국민들은 붙임성이 좋다. 아일랜드인은 영어가 서툰 여행객들과도 즐겁게 말을 섞는 것으로 유명하며, 이는 조원 전부가 동의하는 내용이기도 하다. 이렇듯 아일랜드인 특유의 뛰어난 붙임성이 술을 만나게 되면 자연스레 자유로운 대화의 장이 형성되기 마련이다. 그렇기 때문에 다양한 출신을 가진 여행객들까지 가세한 아일랜드의 펍은 수많은 언어와 생각의 교류 장소이다. 수많은 작가가 카페보다는 펍에서 글을 써왔음은 헤밍웨이나 도스토옙스키, 마크 트웨인, 피츠제럴드 등으로 인해 이미 널리 알려진 사실이다.

그 많은 펍들 사이에서도 탐방 장소로 데이비 번즈 펍을 고른 이

---

8) 조용준, 『pub 펍, 영국의 스토리를 마시다』, 컬처그라피, 2011년.
9) 「외국인 관광객에게 친절한 나라 톱 10」, 중앙일보, 2007.11.20.

<그림 11> 손님들이 붐비기 전의 데이비 번즈 펍

유는 따로 있다. 이곳은 제임스 조이스의 발자취가 남아있는 곳일 뿐만 아니라 그의 작품 더블린 사람들(Dubliners)과 율리시스(Ulysses)에서도 언급되었다. 그 덕에 율리시스의 주인공, 블룸의 여정을 답습하는 축제인 블룸스데이 시즌이 되면 이곳 데이비 번즈 펍도 조이스의 팬들로 가득 차곤 한다. 블룸스데이 시즌을 훌쩍 넘겨 아일랜드를 방문하긴 했지만 데이비 번즈 펍은 여전히 많은 사람들로 붐볐고 빈자리는 대부분 예약되어 있었다. 본 연구팀은 바텐더를 인터뷰했다.

데이비 번즈 펍의 바텐더 Erin에게 양해를 구하자, 거리낌 없이 인터뷰에 응해주었다. 가장 먼저 템플 바와 더불어 아일랜드를 대표하는 펍이기도 한 데이비 번즈 펍이 아일랜드 문학과 특별한 관계가 있는지를 물어보았다. 이에 대해 그녀는 자신이 사장이 아닌 관계로 정확히 어느 만큼의 자금이 지원되는지에 대해서는 기억하지 못하지만, 이곳은 데이비 번즈 펍 이일렌드 문학 상(Davy Byrnes Irish Writing Award)을 주관하고 있다고 했다. 실제로 펍의 정문 옆면의 유리창에도 이에 대한 설명이 적혀있었다. 그녀는 자신 또한 조이스를 사랑하는 아일랜드 인으로서 이곳에서 일하며 자부심을 가지고 있다고 했다.(조사 결과, Short story 단일 부문 상금이 €15,000에서 €25,000 사이로 매년 조금씩 변동이 있었다.)[10] 이 펍에서 처음 보는 손님들끼리 이야기를 곧잘 나누거나 의견을 나누는 일이 빈번한지를 물어보았다. 이에 대해서는 실제로 많은 손님이 처음 본 손님과도 다양한 주제로 많은 이야기를 나누며 이곳뿐만 아니라 아일랜드의 모든 펍에서 함께하는 이들끼리 서로 생각을 공유하고 새로운 사상을 얻어간다고 대답하였다. 그리고 이는 작가에 한해서만 도움이 되는 사실이 아니며 이런 점에서 그녀는 SNS (Social Network System)의 시초가 펍이라고 생각한다고 했다.

아일랜드의 문학이 널리 알려진 데에는 분명 작품 자체의 우수성이 크게 작용한다. 하지만 그 외에도 아일랜드 문학을 널리 알리는 데 기여한 것이 더 있다면 필시 부산 문학의 발전에도 적용할 수 있을 것으로 생각하여 이에 대해서도 질문을 해보았다. 여기에 대해서는 우수한 작품을 쓴 것은 그 작품의 작가 한 명만이 아니며, 데이비 번즈 펍에 있는 만큼 조이스를 예로 들었을 때 조이스는 이곳을 자주 찾으며 다른 손님들과 이야기의 방향에 대해 많은 토론을 했다고 한다. 아마 조이스 혼자서 율리시스를 썼다면 지금의 평판과는 많이 달랐을 것이며 펍에서 함께 토론하고 서로 공유했던 이야기들이 조

---

10) Writer Claire Keegan wins €25,000 Davy Byrnes Award, THE IRISH TIMES, 2009.06.23., 2014, Davy Byrnes Irish Wiriting Award, Davy Brynes.com.

<그림 12> 데이비 번즈 펍에서 Erin과 인터뷰

이스에게도 분명 영향을 끼쳤을 것이라고 했다. 그리고 아일랜드의 문학을 알리는 것 또한 소통의 결과라고 덧붙였다.

5. 트리니티 대학, 메리온 스퀘어, 오코넬 거리 설문조사

우리는 트리니티 대학, 오코넬 거리, 메리온 스퀘어 공원에서 설문조사를 실시하였다. 우리의 설문조사는 주로 문학작품에 대한 관심, 문학 작가들과 작품들에 대한 인지도, 2차 콘텐츠에 대한 만족도에 대해서 실시하였다. 먼저 트리니티 대학에 대한 설문조사를 살펴보자면, 조사대상은 학생들로 정하였고 그들의 독서량, 주로 읽는 분야, 문학 작가와 작품에 대한 인지도에 대해 설문조사를 실시하였다. 우선 아일랜드는 서점에서 책을 구매하는 학생들이 많은 비중을 차지했는데 아무래도 도서정가제 이후 책들의 할인이 거의 없는 우리나라에 비해 많은 할인을 해서(제일 싼 것은 1, 2 유로라는 저렴한 가격) 책을 쉽게 구할 수 있는 점이 학생들이 책을 많이 사서 보는 이유 중 하나라고 생각한다. 실제로도 시장 조사기관 트렌드모니터의 조사에 의하면 도서정가제 전인 지난 2015년 1년 평균 9.6권이던 독서량이 도서정가제 시행 이후인 2016~2017년 8.7권으로 줄었다. 하지만 의외로 아일랜드 작가나 작품에 대해 많이 읽어봤거나 아는 학생은 많지 않았다. 주로 그들의 전공과 관련되거나 취업을 위한 목적으로 책을 읽는 학생들이 대부분이었다. 이러한 점을 보았을 때 독서 목적과 관련된 점은 우리나라의 학생들과 마찬가지로 문학적인 독서 활동에 별다른 관심이 크게 없는 것으로 사료되어진다. 그리고 문학 작가나 작품에 대한 관심 역시 크지 않은 것으로 판단된다.

두 번째로는 오코넬 거리에서 현지인과 관광객을 대상으로 Bloom's Day 행사에 대한 만족도와 문학 작가와 작품에 대한 인지도에 대해 설문조사를 실시하였다. 우선 아일랜드 더블린의 대표적인 축제 중 하나인 Bloom's Day에 대한 사람들의 평판은 매우 좋았다. Bloom's Day의 여러 가지 하위 콘텐츠들과 또 잘 구성된 행사 진행 및 아일랜드 사람들 특유의 친절함까지 더해져서 불만족스러웠던 기억을 가진 사람은 설문조사를 한 사람들 중에서는 찾아볼 수 없었다. 또한 이 행사와 연계된 각종 행사나 전시회, 영화 상영, 노래 대회 등 다채로운 행사로 관광객들의 발길을 이끌고 창조적인 새로운 행사와 콘텐츠들이 계속해서 생겨남에 따라서 관광객들의 재방문 의사를 높이고 있다고 생각한다. 이러한 매력적인 요소들이 자국민들을 넘어서 관광객들의 발길마저 돌리게 만드는 문학의 수도 더블린을 만드는 것 같다.

<그림 13> 트리니티 대학 도서관

마지막으로는 메리온 스퀘어 파크에서 청년층과 노년층을 대상으로 문학 작가와 작품에 대한 인지도와 청년 세대와 노년 세대 간의 독서에 대한 인식 조사에 관하여 설문조사를 실시하였다. 우선 우리나라의 공원의 풍경과는 다르게 30~40% 정도의 사람들이 책을 읽고 있었다. 이렇게 많은 사람이 독서를 할 수 있는 원동력이 무엇일까. 우리는 설문조사를 통해서 바로 아일랜드 선조들의 위대한 작품들에 대한 자부심과 세계적인 문학 도시로서의 자부심이 합쳐져서 문학에 대한 흥미와 함께 문학에 대한 사랑이 이러한 결과를 낳았다는 것을 알 수 있었다. 하지만 이러한 결과는 조사 표본은 작았으나 주로 노년층에 국한된다는 점, 청년 세대의 문학에 대한 관심 부족 등을 보았을 때 이러한 아일랜드의 전통을 계속해서 이어나가고자 한다면 청년층의 문학에 대한 관심과 지속적인 지원이 뒷받침 돼야할 것 같다.

III. 나가며

많은 성공에는 그 이면에 투자가 있고, 이것이 이루어지기 위해서는 많은 사람의 관심을 필요로 한다. 기관들의 관계자 인터뷰와 시민을 대상으로 한 설문조사를 통해서 아일랜드인의 문학에 대한 관심이 한국인에 비해 얼마나 높은지 알아볼 수 있었다. 우리가 아일랜드를 탐방하면서 느낀 점은 이 작은 나라에서 많은 유명 작가들이 탄생하고 일반 시민들도 문학에 지대한 관심을 두고 있는 것이 어쩌면 아일랜드의 빼어난 자연경관들이 책을 읽기에 너무나 좋은 환경을 제공하고 있기 때문이라고 생각했다. 제임스 조이스의 소설 대부분이 더블린의 거리, 술집 등을 그대로 담고 있고 모허 절벽의 경외감이 드는 장관이 수많은 문학 작품의 배경이 된 것처럼 말이다. 이러한 점에서 본나면 우리 부산도 그만큼 충분히 멋진 자연경관들과 역사적으로 문학에 관련된 지역들이 아직 많이 남아있다. 노후된 문학 관광지들을 재정비하고 시민들의 관심을 독려시킨다면 충분히 훌륭한 문학 관광지로 재탄생 될 수 있을 것이다.

두 번째로 말하고 싶은 것은 인문학의 발전 가능성이다. 구글을 비롯한 애플 등 다양한 대기업들이 최근 인문학에 대한 관심을 갖고, 인문학적 인재들의 채용의 비중을 높여가고 있다.[11] 우리나라도 이 추세를 따라 2015년 후반기부터 인문역량을 강화시키기 위해 노력하였다. 하지만 안타까운 것은 단순히 인문학도들의 취업률을 높이는 데에 큰 비중을 둔다는 것이다. 문학도 인문학이기에 인문학도뿐만 아니라 많은 국민이 문학 작품들과 그 관련 자료나 행사들을 접할 수 있는 기회를 확장한다면 문학 관련 관광요소를 활성화 할

---

11) http://kids.donga.com/news/vv.php?id=20201106017213.

수 있다. 나아가 기업들의 인문학 인재에 대한 수요 또한 충족시킬 수 있는 일거양득의 기회가 될 것이다.

셋째는 폭넓은 관광 콘텐츠 개발 방안이다. 국내의 문학에 대한 관심을 높이고 문학 관련 행사들을 활성화함으로써 국내 관광객들의 유치에서 그치지 않고 부산 국제문화제 같은 행사로 발전시킨다면 해외관광객들에게도 더 많은 컨텐츠들을 제공할 수 있을 것이다. 특히 단발성 관광요소들이 대부분인 부산에서 여러 관광콘텐츠들을 이어줄 수 있는 매개체가 될 것이다. 우리나라에서도 영화, 드라마 같은 1차 콘텐츠에서 파생된 2차 콘텐츠들이 성행한다.[12] 예시로 인기 드라마 '도깨비'의 촬영지는 수많은 커플이 찾는 유명 관광지가 되고 이에 힘입어 인근 숙박업소와 식당, 카페들은 예상치 못한 성행을 맞게 된다. 다만 이런 성황은 드라마, 영화의 흥행에 따른 일회성 관광에 그치는 것이 아쉽다.

반면 아일랜드 문학 관련 축제, 관광지들은 이런 단점들을 찾아보기 힘들다. 왜냐하면 문학작품, 특히 대작들은 유행을 타는 것이 아니기 때문이다. 그저 촬영지로서 기념촬영을 하고 지나칠 정도의 장소로서가 아니라, 관광의 질을 높이고 나아가 그곳을 아끼는 더블린 사람들의 노력이 고스란히 묻어있기 때문에 지속적인 문학 관광지로서 남아있는 것이라 생각한다. 위에서 언급했던 차별된 관광지의 보존 방식, 관광객을 끄는 콘텐츠의 개발, 그리고 부산 시민의 깊은 관심이 동반된다면 부산도 충분히 문학 관광지로서 성공할 수 있을 것이다.

---

12) http://www.insight.co.kr/newsRead.php?ArtNo=88914.

참고문헌

<저서>
조용준, 『pub 펍, 영국의 스토리를 마시다』, 컬처그라피, 2011년

<인터넷 자료>
「외국인 관광객에게 친절한 나라 톱 10」, 중앙일보, 2007.11.20
Davy Brynes.com
http://kids.donga.com/news/vv.php?id=20201106017213
http://www.insight.co.kr/newsRead.php?ArtNo=88914

<여행소감 한 마디>

"한 나라의 문화를 가장 잘 이해할 수 있는 방법은 그 나라의 문학을 읽는 것이다"라는 말은 영어영문학부에 진학하고 수업시간에 들은 말 중 가장 마음에 닿았던 문구였다. 하지만 이번 프로그램을 통해 느낀 점은 문학을 읽는 것이 한 나라의 문화를 가장 잘 이해할 수 있는 방법이라기보다는 '한 나라의 문학을 읽고 그 나라를 방문하는 것이 그 문학을 가장 잘 이해할 수 있는 법' 이라는 생각을 하게 되었다.(김민정-영어영문학부)

제4편

글로벌 시대의 이주 문제

12장 식민지 역사의 관점에서 본 결혼이주 현상: 필리핀의 사례

2018년 하계 글로벌챌린지: 필리핀

팀명: 라뿌라뿌와 아이들

팀원: 박성은(국제개발협력학과, 2학년)

박다은(국제개발협력학과, 2학년)

강한솔(국제개발협력학과, 2학년)

박해림(국제개발협력학과, 2학년)

Ⅰ. 들어가며

필리핀은 멕시코와 함께 전 세계적으로 노동력을 수출하는 국가로 잘 알려져 있다. 또한 해외로 나간 필리피노들의 송금액은 국가의 GDP의 상당수를 차지하고 있다. 다시 말해 필리핀에서는 해외 이주가 국가의 중요한 국가사업으로 자리 잡고 있다. 노동력 1위 수출국인 멕시코는 미국으로 이동이 집중된 반면에, 필리핀은 한 국가에 집중되는 것이 아니라 수많은 나라로 이루어지고 있다. 미국으로의 전문직(의사 또는 간호사) 이주, 한국·일본·대만 등으로의 결혼 이주, 중동으로의 가정부로서의 노동 이주 등 많은 경우가 있다. 이렇게 필리핀에서 많은 노동력이 송출되는 이유는 다양한 관점에서 설명할 수 있다. 그중에서 가장 많은 부분을 차지하는 이유를 본 연구팀은 역사적 관점으로 생각해 필리핀의 해외 이주 역사에 대해 산 칼로스 대학에서 강의를 들었다. 본 연구팀은 역사적 관점에 집중하기로 했으며, 필리핀의 해외 이주 노동의 계기를 이해하기 위해서는 식민 지배 역사에 대해 알 필요가 있었다.

　필리핀이 노동력을 송출하게 된 역사적인 배경은 미국의 식민 지배 이후이다. 본론에서 필리핀의 해외 이주 역사에 대해 자세하게 다루겠지만, 간단하게 설명하자면 미국의 식민 지배 이후 해외 노동자로 하와이에 농장에서 일하게 되었고, 그 이후로 다양한 직업군으로 노동력이 송출되었다. 미국-스페인 전쟁에서 미국이 승리하기 전까지, 다시 말해 스페인이 미국에게 2,000만 달러에 필리핀을 넘기기 전까지 필리핀은 스페인에 200년간 식민 지배를 당했다. 1521년 마젤란이 세부 섬에 상륙하면서 유럽에 알려진 후, 스페인의 필리핀 식민통치가 시작되고 이후 200년 동안 스페인의 통치 아래 필리피노의 80%는 가톨릭으로 개종했다. 결국 현재 필리핀을 대표하고 있는 종교, GDP의 상당수를 차지하고 있는 노동 송출국이 미국라는 점 등은 대부분 식민 지배 이후에 만들어진 것이다. 한국에서는 식민 지배 역사의 잔재들을 지우기에 급급해 우리의 역사의 일부를 지우고 은폐하고 있지만, 필리핀의 마닐라와 세부에서 식민 지배 흔적들이 관광지로 알려질 만큼 잘 보존되어 있었다. 필리핀의 세부는 스페인이 가장 먼저 진입한 지역이고, 그 이후에 마닐라는 거점 도시로서 스페인의 영향을 많이 받게 되었다.

　현재 대한민국은 다문화 사회이며 과거보다 외국인들을 쉽게 찾아볼 수 있다. 점점 한국을 찾는 외국인들이 늘어나고 있으며 그 이유도 다양하다. 취직, 여행, 공부, 결혼 등 많은 이유로 다양한 국적의 사람들이 한국에 오고 있다. 특히 많은 수의 외국인 노동자들과 결혼 이주자들이 한국에 유입되고 있다. 사실상 동남아시아에서 오는 사람들이 대부분을 차지한다. 그에 따라 다문화 가정의 수도 늘어나고 있다. 팀원 중 한 명이 다문화 아동센터에서 봉사하며 느낀 바에 의하면, 현재 많이 개선되고 있지만 다문화 가정이나 동남아시아 사람들에 대한 우리나라 사람들의 인식이 아직 긍정적이지 못하다는 것이었다. 특히 결혼 이주는 국내 농촌 지역에서 결혼을 하지 못한 중년의 남성들이 아이를 갖기 위해 브로커를 통해서 동남아 지역의 젊은 여성들과 혼인을 하는 경우가 많다는 것을 각종 방송이나 신문을 통해 알 수 있다. 그러나 문제는 혼인 이후 결혼 이주해온 여성이 한국의 문화에 적응하지 못하거나 언어적 어려움을 겪으며 발생한다. EBS에서 방송하는 '다문화 고부열전'과 같은 프로그램들을 보면 쉽게 이해할 수 있을 것이다.

이러한 문제를 해결하기 위해 필리핀에서는 CFO라는 결혼 이주를 담당하는 전문 기관을 만들었고 결혼 이주를 준비하는 필리핀 사람들을 대상으로 사전교육을 의무화하고 있다. 특히 한국으로 이주를 준비하고 있는 사람들에게는 1박 2일간의 사전교육을 의무적으로 받도록 하고 있다. CFO 이수는 필리핀 국제결혼 서류 진행 과정 중 중요한 일정으로, 관광을 제외한 필리핀인의 해외 출국 시 반드시 받아야 하는 필리핀만의 고유 절차로서 혼인신고 이후 진행된다. 서류 제출과 인터뷰, 교육 이수의 과정을 거친 후 출국이 가능한 스티커를 받게 되고, 이 스티커가 있어야만 출국할 수 있다. 첫 만남에서부터 연애 과정, 결혼까지의 과정을 꼼꼼히 심사하며 인터뷰 시 결혼 과정에 있어 조금이라도 진정성에 대한 의심이 들면 탈락을 시키기에 꼼꼼한 준비과정이 필요하다.

이렇게 필리핀에는 다른 국가에서는 찾아볼 수 없는 결혼 이주를 위해 만들어진 CFO라는 기관이 있기에 필리핀의 CFO를 방문하면 얻을 수 있는 것이 많을 것으로 생각했다. 특히 한국으로 이주하는 사람들에게는 1박 2일 동안 교육을 받아야 한다고 하니 어떤 교육을 무슨 내용으로 진행하는지에 대해 많은 궁금했다. 따라서 필리핀 CFO 마닐라, 세부 지사에 방문하여 사전 교육 과정이나 내용에 대해 자세히 알아보고, 필리핀에서 한국으로의 결혼 이주에 대한 인식이 어떤지, 실제로 교육 이후 개선된 부분은 있는지 등에 대해 알아보고자 하였다. 또한 기회가 된다면 실제 한국으로의 이주를 준비하는 필리핀 사람들을 만나보고 얘기를 나누고자 방문을 계획하게 되었다.

II. 필리핀의 해외 이주역사

1) 20세기 초부터 1940년대

스페인의 식민지 시대가 끝나고 얼마 있지 않아 필리핀은 미국의 지배를 받게 되었다. 1902년까지 미국에 대한 저항운동이 계속되었으나, 미국은 필리핀이 자체적으로 통치를 할 수 있게 되면 필리핀을 떠나겠다고 약속하였으며 필리핀도 이를 수락 하였다. 1906년에 처음으로 미국으로 이주한 필리핀인들은 루손섬 북부 일로코스 지방 출신의 남성들로, 하와이의 사탕수수농원의 노동자가 되었다. 필리핀은 미국 식민지였기 때문에 필리핀 사람들이 미국으로 이주하는 것은 외부로의 이주가 아닌 것으로 여겨졌고 필리핀

이주민을 국민으로 인정해주었다. 이를 'Special non-citizen national status'라고 한다. 이러한 이유로 미국으로부터 완전한 독립이 이루어진 1946년까지 하와이의 사탕수수와 파인애플 농장에서 일했던 필리핀 사람들 수는 12천 5만 명에 달했다고 한다. 필리핀인 노동자는 점차 하와이뿐만 아니라 미국 본토에는 농업노동자로, 알래스카에는 통조림공장 노동자로 진출했다. 필리핀이 독립한 이후에도 미국으로의 해외 진출은 계속되었다.[1] 대부분 전문직에 종사하는 사람들이 이주자이며 필리핀의 공용어가 영어라는 점이 그들의 장점이다.

2) 제2차 세계대전이 끝난 후

1934년 통과된 필리핀의 독립법은 이주를 연간 50건의 비자로 제한했다. 1946년 필리핀이 미국으로부터 독립하기 전까지 매년 100명씩 미국으로의 귀화자수를 할당했다. 그로 인해 이주는 줄기 시작했다. 또한 미국의 이러한 이민 제한 때문에 많은 필리핀인들이 1950년대에 아시아 국가로 이주하기 시작했다.

3) 1960년대부터 1970년대

인도차이나 전쟁 기간 베트남, 태국, 괌의 미군 기지에 더 많은 필리핀 사람들이 고용되었다. 1960년대에 미국과 캐나다는 가족 통일을 허용하는 이민 규정을 완화하여 필리핀인들의 이주가 북미로 많이 증가하게 되었다. 같은 기간에 간호사나 가사 노동자로 서유럽으

---

1) 이혜진, 최송식, 김희재, 「필리핀의 해외이주에 관한 법제도적 고찰」, 『민족연구』제60호, 2014년, 115쪽.

로 이주하기 시작했다. 1970년대 초 필리핀 사람들은 이란과 이라크로 이주하여 엔지니어와 기술자로 일했다. 1970년대 전직 대통령 Ferdinand Marcos는 이민이 경제 발전을 장려하는 정책을 제도화했다. 이러한 정책은 일시적인 성격을 띠고 있지만 노동 이동은 계속해서 꾸준히 증가하고 있다. 필리핀 정부의 이주 정책으로 인해 실업률이 높고 생활수준이 낮은 수천 명의 필리핀 사람들은 해외에서 취업 활동을 해야 했다. 게다가 1972년 마르코스(Marcos) 전 대통령은 정치적 반대자들을 추방하기 위해 군사 계엄령을 선포했다. 마르코스 대통령의 계엄령에 따른 정치적·사회적·경제적 불확실성으로 인해 계엄령을 반대하는 사람들과 중산층은 필리핀을 떠났다. 이웃 국가의 경제 발전, 석유 위기 이후 걸프 지역의 출현, 그리고 목적지 국가의 이민 정책 변화는 이주를 더욱 자극했다. 마르코스(Marcos) 대통령 축출 이후에도 필리핀 정부는 여전히 송금에 의존하고 있다. 현재의 행정부는 이주를 개발 전략으로 비난하지만, 그것의 의존성을 부정할 수는 없다.

III. 필리핀의 식민지 역사를 담고 있는 유적지

마닐라지역과 세부 두 지역에 걸쳐 앞서 말한 식민지 역사를 담고 있는 유적지들을 답사하였다. 이 답사는 필리핀 해외 이주의 역사를 이해하기 위해 필리핀 식민지 역사를 파악하기 위함이다.

1) 마닐라

'인트라무로스'는 '성 안쪽'이라는 뜻으로 이 지역은 필리핀 식민 통치를 이끈 스페인 정복자들이 만든 도시이다. 여기에는 과거 스페인 정복자들의 유적지와 그들의 주택 외관이 완벽하게 유지되어 있다. 인트라무로스가 인상적인 까닭은 스페인 식민지 시대의 유적을 볼 수 있을 뿐만 아니라 필리핀의 천주교 사랑을 알 수 있기 때문이다. 인트라무로스 안에는 산티아고 요새, 마닐라 성당, 리잘 기념관 등이 있다. 성벽 도시인 인트라무로스는 거주 구역인 동시에 요새이기도 하다. 그중 '산티아고 요새'는 북쪽 성벽으로 군사적 요충지에 해당하던 곳이다. 일제 강점기 때에는 필리핀 사람들이 수감되고 죽기도 한 가슴 아픈 비극의 역사를 지닌 곳이다. 무엇보다 이곳은 필리핀의 독립투사인 호세 리잘이 스페인 군대에 체포되어 갇혀 있던 지하 감옥이 있는 곳이다. 그가 49일 후 사형을 받으러 가는 길을 발자국으로 표시해 두었으며, 현재 수감실은 호세 리잘 박물관으로 사용되고 있다.

'마닐라 대성당'은 가톨릭 포교의 중심지로서 에스파냐 식민지배 시대인 1581년에 처음 건축되었으며 이후 여러 차례 재건되었다. 1571년 처음 마닐라 대성당을 만들었을 당시에는 야자나무와 대나무로 만들었다고 한다. 하지만 태풍과 지진, 화재와 전쟁 등을 겪으며 재건하였으며 1958년에 비로소 지금과 같은 석조건물의 모습을 갖추게 되었다고 한다. 예배당 양쪽으로는 박물관처럼 조형물들이 전시되어 있었다. 또한, 60주년을 기념하는 전시가 진행되고 있었다. 이렇듯 그들이 끝까지 예배당을 잘 보존하려 하고, 또 지금까지 잘 보존된 것을 보고 그들의 신앙심을 느낄 수 있었다.

앞에서 언급했듯이 '리잘 기념관'은 호세 리잘을 기리기 위한 기념관이다. 호세 리잘은 우리나라로 치면 안중근 의사, 김구와 같이 독립에 힘쓴 인물이다. 리잘 기념관에는 그의 일생에 대한 전시와, 그가 의사, 시인, 소설가, 교육가로서 이뤄낸 업적, 작품 등이 전시되어있다. 특히 그의 소설과 글들은 당시 필리핀인들에게 민족의식을 일깨워주었다. 그는 독립을 이끌어 내는 과정에서 정신적 지주로서의 역할을 했다. 역사적 위인을 넘어서서 필리핀인들이 공유하고 있는 일종의 문화이며, 필리핀의 민족의식을 보여주는 상징이자 민족성을 대표하는 인물로 자리 잡았다[2].

2) 세부

'마젤란의 십자가'는 스페인의 식민지였던 세부의 역사를 상징하는 것이다. 페르디난드 마젤란이 필리핀 세부에 도착하자마자 마젤란의 명령으로 포르투갈과 스페인 탐험가들이 달아둔 기독교 십자가이기 때문이다. 마젤란의 십자가는 작은 성당 안에 안치되어 있으며 십자가 아래에는 짧은 문구가 쓰인 표지판이 놓여있다. 그 표지판에는 '실제 마젤란의 십자가는 성당 중앙에 있는 나무 십자가 안에 봉인되어있다'라고 적혀있다. 십자가가 봉인된 이유는 십자가를 달여 먹으면 기적을 불러온다고 믿었던 필리핀 사람들이 십자가를 뜯어 갔기 때문인데, 이는 십자가의 신성함과 필리핀 사람들의 신앙심을 엿볼 수 있게 해준다. 이것은 식민지 지배국의 종교가 피지배국에 얼마나 거부감 없이 잘 녹아들었는지를 보여준다. 스페인의 영

---

2) 조정기, 「필리핀의 국민영웅 형성과정 연구 : 호세 리잘(Jose Rizal)의 경우」, 연세대학교 석사학위 논문, 2013년, 10쪽.

<그림 1> 식민지 역사 종교적 유적지

향으로 필리핀은 대부분 기독교인이 로마 가톨릭 신자이며 마젤란 십자가 앞에서 그들의 신앙심을 직접 확인할 수 있다.

'산토니뇨 성당'은 마젤란 십자가 바로 옆에 있다. 스페인 군대가 포격을 하고 불에 타서 무너진 오두막에서 기적적으로 손상되지 않은 산토니뇨 즉, 아기 예수가 나무상자에서 발견됐다. 이 성당은 1565년 세부의 수호신인 검은 산토니뇨가 발견된 그 장소에 지은 것이다. 1521년 필리핀에 들어와 최초의 미사를 드린 마젤란은 세부 섬의 원주민 지도자 우마본의 아내인 후아나 여왕에게 아기 예수상을 선물했다. 그 아기 예수상은 현재 산토니뇨 성당 내에 있으며 신앙의 상징인 만큼 성상의 앞에는 항상 현지인들이 간절하게 기도하고 있다. 이런 역사가 있기 때문에 세부 현지 어느 곳에서나 산토니뇨 성상을 보는 것이 그리 어려운 일이 아닌 것은 당연하다.

'산페드로 요새'는 1565년에 지어진 필리핀에서 가장 오래된 요새이다. 침입자들을 물리치기 위해 지은 요새이며 미국 식민지 시대 때는 미군의 병영으로 사용되었다.

종교의 힘으로 정부 진압군을 막은 가톨릭 주교와 신부, 수도자와 신자들이 민주주의로 이끈 필리핀의 'people power'는 필리핀이 종교적 힘이 강한 나라라는 것을 상징한다. 실제로 마닐라 성당이나 산 토니뇨 성당과 마젤란 크로스와 같은 유적지를 가보면 깊은 신앙심과 함께 미사를 지내고 있는 많은 현지인을 볼 수 있다. 여기서 중요한 것은 필리핀의 종교는 식민지 시대의 산물이라는 것이다. 인구의 82%가 로마 가톨릭 기독교를 믿는 필리핀은 식민 지배국의 영향을 고스란히 받았다고 할 수 있다. 이처럼 식민지 역사는 필리핀 사회 여러 분야에 영향을 미치고 있고 그중 우리가 연구한 것은 해외이주 현상, 그중에서도 결혼 이주현상이다.

Ⅳ. 필리핀의 결혼이주

새외필리핀인위원회(CFO, The Commission on Filipino Overseas)는 영구 이주자를 대상으로 하는 대통령 직속 정부 기관이다. 필리핀에서는 해외로 영구 이주하고자 하는 사람들은 반드시 재외필리핀인위원회(CFO)에서 출국 전에 오리엔테이션을 수강해야만 한다. 오리엔테이션의 내용은 직종과 목적지에 따라 다르다. 한국으로 이주하고자 하는 사람들은 다른 국가와 달리 1박 2일간의 과정을 거쳐야 한다. 본 연구팀은 마닐라와 세부 지사에 방문해 견학 및 인터뷰를 진행하였다.

1) CFO 마닐라 지사

필리핀 CFO 마닐라 지사에서는 기관에 대해 전체적으로 견학할 수 있었고 견학을 통해 CFO의 프로그램들이 어떤 방식으로 이루어

<그림 2> 1:1 상담에 관한 설명을 듣는 모습   <그림 3> 미국·유럽으로 가기 위해 교육받는 모습

지는지 한눈에 알 수 있었다. 실제로 미국과 유럽으로 가려는 필리피노가 교육을 받는 모습을 볼 수 있었으며 출국 준비 중인 사람을 심층 면접을 어떠한 방식으로 하는지 알 수 있었다. CFO에서는 출국 준비 중인 사람들을 대상으로 심층 면접을 하고 있었는데, 면접할 때에는 영어가 아니라 일상적으로 사용하는 언어인 따갈로그어로 진행하고 있었다. 시집 식구들을 의식할 필요 없는 편안한 분위기에서 출국 이전의 상황과 심정을 알아보는 면접은 꼭 필요한 절차라고 견학 담당자가 말했다. 우리가 직접 견학하기 전에는 심층 면접은 엄하게 진행되는 것이라 짐작했지만 실제 분위기는 달랐다.

CFO의 연구 조사에 따르면 한국은 수많은 국적의 배우자 중 하나에 지나지 않았다. 한국에서 국제결혼을 생각하면 필리핀이 우선순위로 생각하는 반면에, 정작 필리핀에서는 한국으로 결혼 이주하는 사람들의 비율이 높은 편은 아니었다. 필리피노들이 이주하는 국가 중 한국은 7위였으며, 결혼 이주하러 오는 국가로는 4위였다.

CFO 담당자는 다양한 나라 중에서 한국으로 이주하고자 하는 사람들은 다음과 같은 이유로 한국을 선호한다고 말했다, "외국인에게 더욱 많은 기회가 열려 있고 필리핀보다 임금이 높아 결혼 이후에 취직을 생각하고 있다. 또한 필리핀과 비슷한 식민 지배의 역사기 있었기 때문에 문화가 비슷하다. 필리핀은 다른 동남아 국가보다 영어에 능통해 취업 비자를 얻기 쉬우며, K-드라마가 매우 인기가 많다."

반면에 한국으로 결혼 이주하려는 사람들이 겪는 어려움에 대해서 담당자는 다음과 같이 말했다. 가족의 생계유지를 위해 결혼하지만 정작 결혼하고 나서는 남편의 눈치를 보느라 가족을 도울 수 없는 경우가 많다고 한다. 베트남과 마찬가지로 필리핀에서 맞벌이 부부일 경우 가족 혹은 친척이 아이를 돌봐주는 것은 흔한 경우라고 한다. 하지만 한국으로 이주해오면 그렇지 않은 점도 이주 여성들이 겪는 대표적인 어려움이라고 한다. 아침 식사를 간단하게 하는 필리핀에서 온 여성들이 한국에 오면 시부모님과 남편에게 절대 간단하지 않은 아침을 대접하는 것은 문화 차이로 인해 겪는 대표적인 어려움이라고 한다. 몇 년 전에는 한국의 드라마와는 다른 현실로 고생하는 때도 있었다고 한다. 한국의 드라마 속에는 잘생기고 젊고 부유한 주인공이지만, 막상 결혼하려고 한국에 오면 나이 많고 부유하지 않은 사람이라 당황하는 때도 있었다고 말했다. 하지만 최근에는 드라마와 현실의 괴리에 속는 사람은 거의 없다고 말했다.

CFO 마닐라 지사에서 준비해주신 설명이 끝난 후 질의응답 시간을 통해 다음과 같은 답변을 얻었다. "P-DOS 프로그램과 이주를 위한 1:1 상담은 다른 것이며, 한국 이주민을 위한 P-DOS 프로그램은 모든 지사에서 열리는 것은 아니다." 한국 정부가 언어 능력 자격을 요구한 2014년 이후 한국으로의 결혼 이주자들의 수가 거의 절반 이상 줄어들었고, 실제로 필리핀 여성 중 언어 자격을 갖추지 못해 몇 년간 CFO를 재방문하는 경우도 생겼다고 한다. 원래 한국으로 가기 위해서 1달에서 2달 정도 준비 기간이 필요했는데, 한국 정부에서 언어 능력을 요구한 이후로는 최소 1년~2년 정도 준비 기간이 필요하다고 말했다. 하지만 언어 능력은 이후 한국에 결혼 이주한 뒤 겪는 어려움 중에 가장 큰 부분이라 어쩔 수 없는 것이라고 한다.

2) CFO 세부지사

필리핀 CFO 세부지사는 수도에 있는 마닐라 지사보다는 규모가 아주 작았다. 사전 교육실과 1:1 상담을 진행하는 방까지 모두 한 층에 마련되어 있었다. 세부의 CFO에서 담당자와 주고받은 이야기는 크게 4가지로 나눌 수 있었다. 첫 번째는 결혼 이주를 하는 사람들을 대상으로 한국에서 언어능력 자격증을 요구한 것에 대한 것이었다. 한국으로 결혼 이주를 준비하는 사람들의 수가 2013년 이후 1692명에서 2017년 거의 절반으로 줄어들었는데, 필리핀 사람들이 한국이 언어 능력 자격을 요구하여 다른 방법으로의 이주로 갈아탔기 때문이라고 마닐라 지사에서 이야기를 들었기에 세부지사에게서도 이에 대한 의견을 들어보고자 하였다.

CFO 담당자는 이 부분에 대해 굉장히 긍정적인 반응을 보였다. 실제로 필리핀 여성들이 한국에 결혼 이주를 해서 겪는 어려움 중에 가장 큰 부분이 언어능력이 부족해서 의사소통이 잘 안 되는 것이기 때문이다. 특히 한국은 며느리가 시부모님을 모시고 살고, 밥을 먹을 때 다양한 반찬과 함께 먹는 문화를 가지고 있기에 필리핀과는 다른 이 문화 때문에 필리핀 여성들이 스트레스를 많이 받지만 부족한 한국어 능력 때문에 의사 표현을 잘 못한다는 것이다. 이러한 부분들에 있어서 한국 정부가 언어 자격을 요구한 것은 좋은 정책인 것 같으며, 다른 국가에서도 도입되는 것을 바란다고 말했다. 하지만 이렇게 언어 능력 요구가 추가되면서 기존에는 결혼 이주에 소요되는 준비 기간이 1~2달이었던 반면 현재는 최장 1~2년으로 준비 기간이 상당히 늘어나게 되어서 결혼 이주를 준비하는 사람뿐만 아니라 이들을 기다리는 배우자까지도 어려움을 겪게 되었다고 한다. 그렇기에 이것이 장점도 많지만 시간이나 비용 면에서는 단점도 있는 것 같다고 말했다.

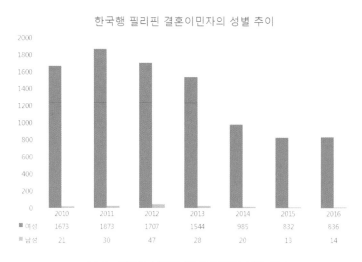

<표 1> 한국행 필리핀 결혼이민자의 성별 추이

두 번째는 담당자가 굉장히 궁금했던 부분이었는데, 필리핀에서 한국으로 결혼 이주한 여성들이 취직하게 된다면 어떤 직종과 어떤 업무 환경에서 일하는지에 대한 것이었다. 사실 CFO에서는 결혼 이

주하기 전, 사전적인 업무들만 담당하기 때문에 실제 이 여성들이 한국에 간 이후의 일은 파악하기가 거의 어렵다는 것이었다. 그래서 이후에 그들이 어떻게 생활하는지에 대해 궁금하다고 하며 이것저것 물어보았다. 이에 대해 실제로 동남아시아에서 온 결혼 이주자 대부분이 한국에서 공장에 취직을 많이 하며 좋은 대우를 받으며 일을 하지는 못한다는 이야기를 해주었고 담당자는 아무래도 이 부분에서도 언어적인 문제가 있을 것 같으며 한국 여성가족부와 연계를 통해 향후 개선될 여지가 있을 것 같다는 이야기를 해주었다.

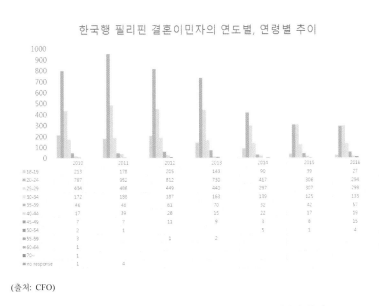

한국행 필리핀 결혼이민자의 연도별, 연령별 추이

	2010	2011	2012	2013	2014	2015	2016
18-19	213	178	205	143	90	39	27
20-24	797	952	812	730	417	306	294
25-29	434	486	449	440	297	307	299
30-34	172	198	187	163	139	125	133
35-39	46	48	61	70	32	42	57
40-44	17	39	28	15	17	17	19
45-49	7	7	11	9	3	8	15
50-54	2	1			5	1	4
55-59	3		1	2			
60-64	1						
70~	1						
no response	1	4					

(출처: CFO)

<표 2> 한국행 필리핀 결혼 이민자의 연도별, 연령별 추이

세 번째는 코피노에 대한 문제였다. 한국에서는 코피노에 대한 문제를 심각하게 생각하고 코피노를 만들어내는 한국의 남성들에 대

한 비판적인 여론이 강한데, 필리핀에서는 이 코피노 문제에 대해 어떻게 생각하는지가 궁금하여 질문을 해보았었다. 근데 이 질문에 대한 답이 굉장히 의외였다. 필리핀에서는 과거부터 미국인이나 유럽인, 일본인들이 식민 지배를 위해 들어와서 낳은 아이들이 굉장히 많으며 그중 대부분이 아버지가 누군지 모르기에 이에 대한 편견이나 차별이 없다는 것이었다. 누군가가 물어보면 '아, 내 아버지는 외국인인데 누군지는 나도 잘 몰라' 하는 식으로 대답하며 물어본 사람도 심각하게 생각하거나 꺼리지 않는다는 것이다. 물론 이렇게 지속적해서 코피노나 자피노들이 양산되는 것은 막아야 하며 방안이 필요한 것은 사실이다.

네 번째는 필리핀 인구의 약 10분의 일이 해외로 이주를 하는데, 그 이유가 무엇이라 생각하는지에 대한 점이었다. 해외로 이주를 하는 이유는 다양하지만 양질의 일을 찾기 위해, 즉 경제적인 이유로 이주를 하는 것이 대다수라고 하였다. 실제로 UNDP 필리핀 지사에서 MDGs 목표 달성을 위해 많은 프로그램을 진행한 결과 양적인 면에서는 일자리나 교육받을 기회 등을 많이 증진했지만 질적인 면에서는 아직 부족한 점이 많다고 한다. 그리고 이것은 양질의 일자리를 찾아 미국과 같은 해외로 이주하는 것과 연결이 된다고 할 수 있다. 물론 이를 해결하기 위해 현재는 SDGs의 세부목표 달성을 위해 질적인 면에서도 각종 프로그램을 진행하고 있지만 여전히 많은 필리핀 사람들은 해외로 이주하고 있다. 많은 사람이 해외로 이주함에 따라 필리핀은 국가 경제의 상당 부분을 해외에서 돈을 번 동포들이 보내는 송금액에 의존할 수밖에 없고, 이는 국가 경제 발전에 큰 걸림돌이 된다. 그렇기에 필리핀 자체적으로 양질의 일자리 개발이 국가 경제 발전에도 많은 도움이 될 것으로 보인다는 이야기를 나눌 수 있었다.

그리고 우연히 실제 한국으로 결혼 이주를 준비하고 있는 필리핀 여성분을 만날 수 있었다. 이분은 광주로 이주를 준비 중이었고, 이미 아이까지 가지고 있으신 분이었다. 굉장히 행복해 보이는 가정을 보며 평소 알고 있던 일반적인 중매결혼으로 결혼 이주를 하는 여성들과는 다른 모습에 의외라는 생각이 들었는데, 담당자도 이 경우는 굉장히 특이한 경우로 보기 드물다고 하셨다. 평소 한국으로 결혼 이주를 하는 여성들은 중개업소를 통한 연령차가 많이 나는 결혼을 한다고 한다.

세부 CFO 지사와의 인터뷰를 통해서 한국으로의 결혼 이주에 대한 현실적인 부분과 CFO의 한계에 대해 알아볼 수 있었다. 언어능력자격 기준의 생성이 한국으로의 이주 여성들이 본인의 의사 표현을 더 할 수 있게 도움이 되어주었다는 것은 이해가 가는 부분이었지만 한편으로는 한국에서 결혼을 준비하는 남성들을 대상으로는 왜 필리핀에 대한 교육이나 기초언어에 대한 교육이 이루어지지 않는지 의문점이 들었다. 또한 인터뷰를 통해 한국에서 동남아 이주 여성들이 좀 더 편하게 지낼 수 있으려면 한국 내의 차별적인 인식부터 바뀌어야 한다고 생각했다.

V. 인터뷰

1) CFO 마닐라지사 인터뷰

Q1. CFO의 자료에 따르면 한국은 필리피노의 이주 국가 중 7위지만, 결혼 이주 국가로 선호하는 국가로 4위에 해당한다. 한국을 선호하는 이유가 무엇인가요?

A1. 외국인에게 더욱 많은 기회가 열려 있고 필리핀보다 임금이 높아 결혼 이후에 취직을 생각하고 있다. 필리핀은 다른 동남아 국가보다 영어에 능통해 취업 비자를 얻기 쉬우며, K-드라마가 매우 인기가 많다는 것이다.

Q2. 그렇다면 한국으로 가는 사람들이 겪을 어려움은 무엇이 있나요?

A2. 생계유지를 위해 돈을 벌기 위해 결혼하지만 정작 결혼하고 나서는 남편의 눈치를 본다고 가족을 도울 수 없는 경우가 많다. 필리핀에서 맞벌이 부부일 경우 가족 혹은 친척이 아이를 돌봐주는 것은 흔한 경우이다. 하지만 한국으로 이주해오면 그런 상황은 매우 드문 점이 이주여성들이 겪는 대표적인 어려움이라고 한다. 필리핀에서는 아침 식사를 간단하게 하는데, 한국에 오면 시부모님과 남편에게 절대 간단하지 않은 아침을 대접해야 하는 것으로 알고 있다.

Q3. 1:1 상담할 때 분위기는 어떠한가요? 피도스 프로그램과 같은 맥락인가요?

A3. 우선 P-DOS 프로그램과 1:1 상담 프로그램은 전혀 다른 것이다. 한국 이주민을 위한 P-DOS 프로그램은 모든 지사에서 열리는 것은 아니다. CFO에서는 출국 준비 중인 사람들을 대상으로 심층 면접, 즉 1:1 상담을 진행하고 있는데 면접할 때에는 영어가 아니라 일상적으로 사용하는 언어인 따갈로그어로 진행하고 있다. 시집 식구들을 의식할 필요 없는 편안한 분위기에서 출국 이전의 상황과 심정을 알아보는 면접은 필요한 절차라고 생각한다.

Q4. 2015년 이후 한국으로 결혼 이주 오는 사람의 수가 급격하게 감소했는데, 그 이유는 무엇입니까?

A4. 한국 정부에서 언어능력 증명을 요구했다. 그로 인해 급격히 한국으로 가는 이주 여성의 수가 약 절반 아래로 감소했다. 필리핀 여성 중 언어 자격을 갖추지 못해 몇 년간 CFO를 재방문하는 경우도 생겼다. 원래 1~2달 걸리는 준비 기간이, 언어 공부를 위해 최소 1~2년 정도 준비해야 한다.

2) CFO 세부지사 인터뷰

Q1. 한국으로 이주하는 사람들을 대상으로 언어능력 자격을 갖

출 것을 요구했고, 이로 인해 한국으로 결혼 이주를 오는 필리핀 사람들의 수도 급격히 감소했는데 정부의 언어능력 요구에 대해 어떻게 생각하시나요?

A1. 언어능력을 요구하는 것은 좋은 효과를 가져 온다고 생각한다. 한국으로 결혼 이주하는 여성들이 힘들어하는 이유 중 가장 많이 이야기하는 것이 문화적 차이인데, 한국에서는 며느리들이 시부모님을 모시고 살며 각종 집안일을 도맡아 해야 하고, 아이가 생기면 아이도 키워야 한다. 한국은 밥을 다양한 반찬과 함께 먹는데, 필리핀은 그렇지 않기에 이런 부분들에서 이주여성들이 어려움을 겪는다. 그러나 언어능력을 요구하기 이전에는 한국어를 못하는 이들이 의사 표현을 제대로 할 수 없었고, 결혼의 실패로 이어지는 경우가 많았다. 또 다른 이유로는 한국에서의 취업과 관련되어 있다. 대부분 한국으로 결혼 이주를 하는 여성들은 경제적인 이유가 큰데, 한국으로 이주해서 고향으로 돈을 송금하기 위한 것이다. 그러나 언어 면에서 소통이 되지 않고 앞서 말했듯이 집안에서 본인이 해야 하는 일들이 많아지면 직장을 갖기도 힘들뿐더러 갖고 나서도 많은 어려움이 생기는 것이다. 그렇기에 언어능력을 요구하는 것은 바람직하다고 생각하며 다른 국가들에서도 언어능력 요구가 필요하다고 생각한다.

Q2. 한국에서 여행이나 어학연수 등으로 필리핀에 온 남성들이 필리핀 여성과의 관계를 통해 아이를 낳고 한국으로 돌아

가 버려서 남게 되는 아이들을 코피노라 부르는데, 코피노에 대한 필리핀 사람들의 인식은 어떠하며, 이 문제에 대해 어떻게 생각하시나요?

A2. 우선 필리핀 내에서 코피노에 대해 안 좋게 생각한다든지 그들에 대해 차별적인 시선을 던지는 사람은 거의 없다. 코피노 이전에도 필리핀이 스페인과 미국, 일본의 식민 지배를 받으면서 자피노와 같은 아이들이 생겨났었고, 지금은 이런 아이들 본인조차 자신의 아버지가 누군지 모른다 해서 부끄러워하거나 위축되지 않는다. 가령 누군가가 '너희 아버지는 어디 계시니'하고 물어보면 '우리 아버지는 외국인인데 누군지는 나도 몰라'라는 식으로 대답하곤 한다. 물론 이러한 아이들이 계속 생겨나는 것은 막아야 할 것이다.

Q3. 매년 필리핀 인구의 약 10분의 1이 해외로 이주를 하는데, 그 이유가 무엇이라 생각하시나요?

A3. 필리핀에서 해외로 이주하는 사람의 대부분은 양질의 일자리를 찾아서 가는 경우이다. 필리핀 내에서도 일자리가 부족하고, 특히 질적으로 좋은 일자리들은 더더욱 부족하다. 그뿐만 아니라 일을 하고 받는 급여도 해외에서 비슷한 일을 하고 받는 것에 비해 턱없이 적다. 그렇기에 아마 다들 경제적인 이유에서 미국이나 캐나다, 호주 등으로 많이 이주하는 것으로 판단할 수 있다.

VI. 나가며

필리핀이 노동인구를 송출하는 나라가 된 이유 중 우리가 주목한 것은 역사적 이유이다. 그래서 우리는 필리핀의 식민지 역사를 파악하고 현재 필리핀에서 만연한 해외 이주현상에 대해 이해하기 위해 직접 현지 유적지들을 답사하였다. 그 과정에서 식민지 역사가 가져온 현재의 필리핀 사회 모습 중 하나로 종교적 영향을 알게 되었다. 지배국에 대한 거부감이 없는 필리핀 사람들의 모습은 식민지 역사가 그들의 삶에 녹아들었고, 그것은 해외 이주현상을 자연스럽게 이끌었음을 보여준다. 우리는 식민지 역사의 관점으로 해외 이주현상을 이해하고 더 나아가 해외 이주현상 중 결혼이주현상에 대해 연구해보았다.

우리는 CFO를 방문하여 결혼 이주 교육이 진행되는 방식과 현재 이루어지는 결혼 이주에 대해 알아보았다. 교육은 체계적으로 진행되고 있었으며 이주민들이 겪는 어려움을 파악해 언어 교육을 하는 등 이주민들이 새로운 사회에 적응하도록 제공되고 있었다. 또한 한국 정부의 언어 자격 요구를 긍정적으로 평가하며 다른 국가에서도 도입되는 것을 희망하고 있다. 언어 자격 요구 정책은 준비 기간이 늘어나게 된다는 부정적인 점도 있지만 이것은 결과적으로 이주여성들의 사회적 적응이 완만해질 수 있도록 만들 것이다.

이렇게 결혼 이주를 돕는 기관이 잘 마련되어 있는 것은 분명 좋은 상황이다. 하지만 그렇다고 해서 결혼 이주현상 자체를 긍정적으로만 바라보는 것은 좋지 않다. 결혼 이주민 중에는 결혼이 목적이 아닌 노동의 목적을 가지고 해외로 이주하는 사람들도 있다. 그들이 그런 선택을 하게 된 실질적인 원인을 파악하는 것이 중요 할 것이다. 한편 노동 송출국인 필리핀에게는 국가의 인적손실로 이어질 수 있음에 주의해야 한다. 그러므로 필리핀 내부에서 많은 양뿐만 아니라 높은 질의 노동력을 생산할 수 있도록 국가적 차원에서 변화해야 할 필요가 있다고 생각한다.

참고문헌

<논문>
조정기, 「필리핀의 국민영웅 형성과정 연구 : 호세 리살(Jose Rizal)의 경우」,
　　　연세대학교 석사학위 논문, 2013년
이혜진, 최송식, 김희재, 「필리핀의 해외이주에 관한 법제도적 고찰」, 『민족
　　　연구』제60호, 2014년

<여행소감 한 마디>

　　필리핀에서 신기했던 것은 어느 곳을 방문하든 가방검사와 신분검사를 철저하게 하는 것이었다. 아무래도 총기소지가 가능한 나라이다 보니 설령 대충하더라도 검사하는 사람들이 곳곳에 서있었다. 필리핀은 빈부격차가 심한 나라임에도 불구하고 다른 동남아지역에 비해 개인차량이 훨씬 많았다. 그래서 교통체증이 정말 심했고 20분 거리를 2시간이 걸려서 가는 사태가 그냥 일상이었다. 필리핀의 대학들을 방문해서 느낀 건, 우리나라보다 대학교 진학시기가 빠르다는 것이었고, 최근 들어 한류의 영향으로 한국어를 배우고자 하는 학생들이 늘어서 학과 안에 수업이 개설되는 등 변화가 생기고 있는 것을 알았다.(박다은-국제개발협력학과)

13장 쿠바의 사회변동과 한인이주 역사

2018년 하계 글로벌챌린지: 쿠바

팀명: 쿠바나우나나

팀원: 양지수(국제지역학부, 4학년)

이정재(국제지역학부, 4학년)

유용규(국제지역학부, 3학년)

정예리나(국제지역학부, 2학년)

박주희(국제지역학부, 1학년)

황태림(국제지역학부, 1학년)

Ⅰ. 들어가며

미국의 엠바고 해제 이후 쿠바는 많은 사람들에게 관심 받고 있다. 특히 한국의 관점에서 우리는 성장하는 쿠바를 주시할 필요가 있는데, 그 중 첫 번째 이유는 폐쇄적인 사회주의 국가로 아직 국제사회에서 크게 알려지지 않았던 쿠바가 이후 관광을 통한 사회개방을 실시하고 있다는 점이다. 쿠바 방문 관광객 수는 미국과의 수교 이후 급증 추세로 2016년에는 전년대비 13% 증가한 최초로 400만 명을 돌파하였으며 2017년(2월 기준)에 들어서도 전년대비 15% 증가를 기록하였다.[3] 이러한 관광객 수의 증가는 관광수입의 확대로 쿠바 경제에 큰 영향을 미친다. **Kotra** 쿠바 무역관에서 발표한 자료

---

3) ttps://news.kotra.or.kr/user/globalBbs/kotranews/4/globalBbsDataView.do?setIdx=243&dataIdx=158383. 2018.8.12.

에 따르면, 쿠바의 관광산업은 지속적으로 성장하고 있다. 아래의 그래프는 쿠바의 관광산업의 성장을 잘 보여준다.

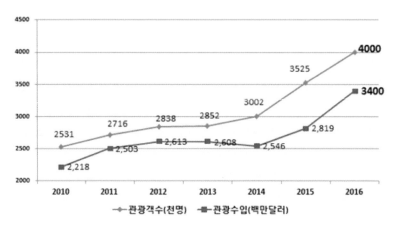

(출처: Kotra 해외 시장 뉴스, 2017-05-11)

<그림 1> 연도별 관광객 수 및 관광수입 증가 추세

　　이러한 성장은 쿠바의 정책에도 변화를 일으키고 있다. 쿠바정부는 경제사회개혁안인 배급제 축소·폐지, 차량 및 주택의 매매허용, 자영업 육성, 외국인투자 활성화, 해외 관광·여행 허용 검토, 부정부패 근절 등을 통해 개혁성과를 이루어 가고 있다. 아직 다른 산업 자본이 부족한 쿠바에게 관광산업은 현재 쿠바의 경제 성장의 발판이 될 것으로 보인다.[4]

　　본 연구의 목적은 두 가지이다. 첫 번째 연구 목적은 성장하고 있는 쿠바의 관광 산업을 통해 쿠바사회가 어떠한 변화를 보여주고 있는지를 조사하는 것이다. 이에 본 연구는 쿠바의 관광을 역사, 문화

---

4) 쿠바 아바나 무역관, 쿠바 방문 참고자료(2018.6.)

예술 그리고 자연생태로 구분하여 주요 관광지의 설립 배경, 관광지의 운영 방식 등을 조사하여 쿠바의 관광산업이 사회의 변화와 성장에 미치는 영향을 알아보고자 한다. 이외에 세계적으로 널리 알려진 쿠바의 교육을 관광함으로써 쿠바 교육과 쿠바 사회의 연관성 또한 조사하고자 한다. 두 번째 연구 목적은 쿠바의 한인 이주 연구로 쿠바의 한인 이주의 배경과 역사, 현재 쿠바의 한인 집성촌에 살고 있는 한인의 수, 그리고 주요 생활방식과 후대가 가진 정체성 그리고 그들의 삶을 통해 쿠바와 한국 사회 간의 문화적 혼합의 정도를 보고자 한다.

II. 쿠바의 관광산업

앞서 언급한 바와 같이, 본 연구는 쿠바의 관광산업 활성화를 통한 사회 변화를 탐구하고자 관광의 종류를 역사 관광, 사회문화 관광, 자연생태 관광으로 설정하였다. 쿠바의 주요 관광지들을 분류해 보면 쿠바 혁명 역사를 중심으로 한 관광지, 쿠바의 사회문화적 관광지로 문화, 예술 등을 소개 하는 관광지, 그리고 자연환경을 중심으로 한 관광지로 크게 나눌 수 있다. 이외에도 다양한 관광 자원을 가지고 있지만, 우리는 이 분류에 따른 관광지를 중심으로 다음과 같이 연구를 진행하였다.

1. 역사

쿠바 혁명(1953년 7월 26일~1959년 1월 1일)은 쿠바에서 피델 카스트로, 체 게바라, 라울 카스트로 등의 사회주의 혁명가들이 두 차례에 걸친 무장 투쟁을 벌여 1959년 1월 1일 바티스타를 몰아내고 정권을 잡은 혁명을 말한다.[5] 1956년 체 게바라, 라울 카스트로를 비롯한 82명의 인민군들은 게릴라 투쟁을 펼쳤고 3년이 넘도록 지속된 투쟁은 엄청난 인민들의 지지를 얻으며 마침내 쿠바라는 나라를 라틴아메리카 중 제국주의 지배에서 독립시킨 최초의 나라가 되었다. 쿠바 혁명은 자주 독립정권을 세웠다는 것에서 멈추지 않는다. 사회주의로 뭉친 쿠바는 세계 최강국 미국의 앞마당이라는 놀림을 받은 라틴 아메리카의 독립과 혁명의 시발점이 되었다. 에스파냐, 미국 등 강대국으로부터 자신들의 정체성을 찾고, 라틴아메리카에서 혁명을 주도한 쿠바는 사회주의 체제를 유지하면서 자신의 모습들을 점차 개방했다. 쿠바는 혁명의 역사를 보존하는 것에서 그치지 않고 이를 관광소재로 발전시켰다. 무분별하게 강대국들의 자본을 받아들이는 대신에 그들만의 해석으로 새로운 관광소재를 만들었다. 아바나 시내에 있는 오래된 건축물들과 식민 시절부터 쓰인 자재들로 만들어진 조형물들을 세월이 지난 그대로 보존하려 했다. 오래된 건축물들은 최대한 비슷한 자재들로 재건축을 진행하고 있다. 그리고 시내 곳곳에 혁명 영웅들을 모티브로 만들어진 건축물들은 쿠바의 인민들에게 혁명에 대한 자부심을 고취시키고 있다. 또한 여기에 예술적인 요소를 가미하여 다양한 관광자원 중 하나로 개발했다.

---

5) 위키백과; 쿠바혁명.

<그림 2> 호세 마르티 동상   <그림 3> 아바나 혁명 광장

　이와 같은 쿠바 혁명은 라틴아메리카의 식민 지배에 최초로 성공
적으로 저항한 역사적 사건이었다. 이후 카스트로는 토지개혁을 가
속화했고 산업도 국유화 했다. 또 다른 부분인 교육, 의료도 정비해
나갔다. 이 중 피델 카스트로와 더불어 쿠바의 혁명을 지휘했던 체
게바라는 혁명의 중심에 있었던 인물일 뿐만 아니라 그의 수려한 외
모 그리고 그의 강인한 모습은 외부 관광객들에게 혁명의 아이콘으
로 자리 잡았다. 사회주의 국가인 쿠바가 점차 외부에 개방되면서
수많은 외국인 관광객들이 유입되었다. 한편, 쿠바인들은 그러한 변
화 속에서도 혁명 그 자체를 관광화하여 많은 외국인들에게도 강렬
한 인상을 심어주었다. 대표적인 예로 혁명 박물관과 혁명 광장을
꼽을 수 있다.
　혁명 박물관은 마리오 가르시아 메노칼부터 폴헨시오 밥티스타까
지 대통령 관저로 사용되었던 장소였다. 쿠바 혁명에 성공한 이후부
터는 박물관으로 개조되어 쿠바 시민에게, 개방 이후엔 외국인 관광
객들에게도 문을 열어 혁명을 보다 깊게 들여다 볼 수 있도록 하였

다. 혁명 역사의 흔적들이 38개의 전시관에 나누어 보존되어 있으며 강대국들을 상대로 성공시킨 혁명에 대한 엄청난 자부심이 기록물을 보는 쿠바인들의 태도에서 드러난다. 혁명은 쿠바 인민들을 결속시키는 아주 중요한 요소임을 알 수 있다. 그들에게 혁명은 단순한 강대국으로부터의 자유가 아닌 모든 인민들을 하나로 모으는 것으로, 그들의 가치관과 이념을 반영하고 있다. 이렇게 개방된 이후 쿠바 사회에서 그들의 혁명을 이방인들에게도 널리 알리고자 하는 변화가 나타났다. 혁명이라는 주제는 이념을 넘어 국가의 아이콘으로 자리 잡았으며 관광자원으로서 많은 외국인들을 끌어들이고 있다.

2. 문화예술

문화를 증진시키기 위해 시행되는 쿠바의 문화 정책은 예술 창작의 자유와 쿠바 문화의 정체성을 보호한다. 이와 관련하여 쿠바 공화국 중앙 행정부의 문화부는 쿠바 주 및 정부의 문화 정책 적용을 그 권한 범위 내에서 감독·통제·집행할 권한을 부여받았으며, 쿠바 민족 문화유산의 보호·보존 및 보전을 보장한다. 라틴아메리카의 문화는 전 세계에 많은 활력을 불어넣고 있다. 그 많은 나라 가운데 쿠바는 적은 면적에도 옛 식민 시절부터 유럽과 북중미 대륙을 잇는 관문으로 중요한 역할을 분담하고 있었다. 1959년 피델 카스트로가 이끈 혁명이 성공한 후 라틴 아메리카 국가들 중 유일하게 사회주의 정권이 들어섰고 전 세계의 관심을 받았다. 그 중 문화와 예술은 쿠바의 발전에 기여했다. 현재 쿠바의 문화는 과거 쿠바를 지배하던 스페인의 통치 문화와 그들에게 저항하던 저항 문화와 결합되어 존재한다. 쿠바는 복잡한 역사를 가진 나라인 만큼 다양한 문화가 결합하여 공존하고 있다. 그들은 여러 가지 문화를 자신들만의 방법으로 승화시켜 다양한 작품으로 배출해내고 있다. 따라서 본 연구는 쿠바의 사회문화적 관광으로 인해 쿠바 사회에 어떠한 변화가 있는지 알아보기 위해 문화를 쿠바를 상징하는 예술, 음악, 그리고 문학을 중심으로 연구했다.

예술 분야의 관광하면 가장 먼저 떠오르는 곳 중 하나로 아바나 국립 미술관을 꼽을 수 있다. 아바나 국립 미술관은 1913년에 설립되어 쿠바에서 가장 유명한 미술관 중 하나이다. 쿠바의 16세기에서 21세기까지의 예술품을 만날 수 있는 곳이며, 쿠바관과 국제관, 두 개의 구역으로 나뉘어져 있다. 쿠바관에서는 쿠바의 식민지 시대의 작품부터 현대 미술 작품까지, 길고 폭넓은 쿠바 미술사를 감상할 수 있다. 흥미로웠던 점은 국제관이 따로 존재한다는 것인데, 쿠바의 예술 작품뿐만 아니라 다양한 서양 문물들을 전시하고 있다. 이는 쿠바의 사회 개방적 관광정책의 일환이다. 거리의 골목 사이사이 들어서 있는 상대적으로 인프라를 갖추지 못한 무명의 작가들의 갤러리에 비해 체계적인 운영 방식을 가진 국립 미술관은 외국인 관광객이 쿠바의 예술을 둘러보기에 매우 적합한 곳이다. 미술관 내부의 인민들의 작품들에서 그들이 전달하고자 하는 작품성이 명확하게 드러나 있다. 예술 방면에서 변화하고 있는 쿠바 현대 사회를 가장 잘 보여주는 곳은 아바나에 위치한 복합 예술문화 공간인 '파브리카 데 아르테(FAC)'라고 할 수 있겠다. FAC은 쿠바인들이 문화생활을 즐길 수 있는 곳이다. 감각적인 인테리어와 공간 활용 그리고 다양한 미술 작품과 트렌디한 음악은 관광객들 또한 끌어들였다. 관광객들의 수요에 맞춰 FAC에서도 보다 다양한 음악과 미술을 선보이고 있으며 이는 쿠바의 젊은 층에 큰 변화를 가져다주었다. 현재 쿠바

<그림 4> 길거리 악사들의 모습   <그림 5> 식당에서 볼 수 있는 악사

의 젊은 세대들은 쿠바의 살사뿐만 아니라 세계적으로 유행하는 음악이나 예술을 받아들이며 즐기고 있다. 쿠바를 대표하는 음악인 살사를 뒤로한 채 새로운 문화로 대체되는 것이 아니라 여러 문화가 공존하고 있다고 할 수 있다. 이외에도 쿠바 어디에서나 악사들을 찾아볼 수 있다. 특히 식당이나 술집 등에서 연주하는 악사들은 그것을 그들의 직업으로 삼는 경우가 대부분이다. 이러한 변화된 모습은 쿠바인들의 삶에서 빼놓을 수 없는 음악과 관광이라는 요소가 결합되면서 생겨난 것이다.

3. 자연 생태

1) 쿠바의 생태 및 자연

서인도제도의 총 육지 면적 중 절반 이상을 차지하는 쿠바는 동서 길이 약 1,300km, 남북 길이 약 70~200km의 기다란 섬이다. 국토의 1/4이 산악 지대이며, 하천은 급류를 이루는 소하천이 많다. 주변의 구릉지는 석회암의 풍화토인 마탄자즈 토양으로 덮여 있으며, 비옥하고 배수가 양호하여 재식농업(플랜테이션)지로 적합하다. 해안지방은 사주(砂洲)·만(灣)·맹그로브숲·산호초·습지 등 매우 다양한 경관을 나타낸다. 섬 주변은 약 7만㎢에 달하는 수심 200m 이하의 대륙붕을 이루며 수많은 산호초가 발달해 있다6). 북위 20~23.5° 사이에 있으므로 섬 전역이 열대성 기후를 나타낸다. 연평균기온 25.5℃, 1월 평균기온 22.5℃, 8월 평균기온 28℃로 기온의 교차가 매우 작다. 따라서 계절적 기후 변화는 강수량에 의하여 결정된다. 11~4월은 건기, 5~10월은 우기에 속하는 전형적인 열대성 사바나 기후를 나타낸다. 기후 때문에 식물의 종류가 많고 수림이 무성하여 '자연 식물원'이라고도 불린다.7)

(출처: 네이버 지식백과: 쿠바의 자연환경)

<그림 6> 쿠바 지도

---

6) 두산백과, "쿠바의 자연", https://terms.naver.com/entry.nhn?docid=1178376&cid=40942&categoryId=33136 (검색일: 2018년 9월 8일).

7) 강석영, "쿠바의 자연환경", 『라틴아메리카사』, https://terms.naver.com/entry.nhn?docId=1004791&cid=62120&categoryId=62120, (검색일: 2018년 09월 08일).

2) 쿠바의 생태정책

생태계 마지노선으로서 쿠바의 중요성은 점자 높아지고 있다. 많은 생태학자들은 쿠바는 카리브해의 생물학적 강대국이라는 표현을 사용한다. 카리브해에 위치한 쿠바 지역은 손대지 않은 우림, 오염되지 않은 산호군락, 온전히 보전된 세계에서 가장 큰 습지 지역이 있다. 또한 쿠바만의 고유 곤충과 조류들의 서식지이기도 하다. 이처럼 쿠바가 이러한 생태계를 유지 할 수 있었던 이유에는 구소련 붕괴 이후 경제 위기에도 불구하고 개발에 있어 생태학적 관점을 중요하게 여긴 것이다. 또한 예전부터 존재했던 정책과 프로그램 등은 현재 생물 다양성의 보존, 대체 에너지, 농업, 공중보건, 환경 교육 등을 포함하는 필수적인 국가 프로그램으로 통합되었다.[8] 1997년 쿠바에는 환경기본법이 시행되었다. 이 법이 시행되기 훨씬 전부터 피델 카스트로는 환경 의식을 강력하게 지지해 왔다. 카스트로는 1992년 리우데자네이루에서 열린 지구정상회의[9]에서 연설을 했는데, "중요한 생물학적 종인 인류가 자연 서식지의 빠르고 점진적인 제거로 인해 사라질 위험에 처해 있다"고 말했다. 쿠바는 이러한 환경보전이 항상 성공적이지 않더라도 환경을 보존하려고 노력해 왔다. 쿠바는 환경을 의식하는 시민을 만들기 위해 환경 교육을 강조해 왔다.[10]

---

8) Richard Levins, "Cuba's environmental strategy", CUBA TODAY(WINTER 2000), https://revista.drclas.harvard.edu/book/cubas-environmental-strategy (인용날짜: 2018.09.08.), pp. 33~51.

9) 리우 회의(Rio Summit) 또는 지구 정상 회의(Earth Summit)는 1992년 6월 3일부터 6월 14일까지 브라질 리우데자네이루에서 열린 국제회의로, 전 세계 185개국 정부 대표단과 114개국 정상 및 정부 수반들이 참여하여 지구 환경 보전 문제를 논의한 회의이다.

10) (Erika Sato,, "Cuba's Tourism, the Embargo, and the Environment", Council on Hemispheric Affairs(2016.07.07.), http://www.coha.org/cubas-tourism-the-embargo-and-the-environment/(검색일 2018년 9월 8일).

3) 쿠바의 자연생태관광

앞서 말한 쿠바의 천혜의 환경 덕분에 쿠바에는 자연과 생태환경을 이용한 다양한 관광 상품이 개발될 수 있었다. 조류 관찰, 트래킹, 낚시 및 스킨스쿠버 투어 등이 대표적이다. 쿠바의 따뜻한 기후 덕분에 겨울철 캐나다로부터 많은 조류가 겨울을 지내기 위해 쿠바로 날아온다. 쿠바에서 발견되는 조류는 368종으로 그 중 70%가 철새이다. 작은 벌새부터 큰 군함조와 같은 다양한 조류가 관찰된다. 또한 세계적으로 희귀한 딱따구리 등이 발견된다. 이러한 생태적 환경을 이용해 쿠바 곳곳에서 조류를 관찰하는 많은 관광 상품들이 개발되어 있다. 그리고 쿠바는 지형적 특색을 이용하여 다양한 트래킹 코스가 만들어져 있다. 폭포와 동굴들이 장관을 이루는 트리니다드의 남서부 고원지대의 토페스 데 콜란테스 국립공원, 1958년 피델카스트로와 그의 게릴라들이 바티스타를 상대로 혁명을 꾸몄던 쿠바에서 가장 높고 긴 산맥인 시에라 마에스트라, 쿠바의 최고봉인 피코 투르 키노 등이 대표적이다. 또한 쿠바는 아름다운 카리브해를 끼고 있는 나라이다. 잘 보존되어 있는 산호와 아름다운 해변 풍광으로 스킨스쿠버와 스쿠버 다이빙과 같이 바다를 이용한 관광 상품을 많은 관광객들이 이용하는 모습을 볼 수 있다.

4) 자연보호구역 라스 테라사스와 시에나가 데 사파타 국립공원

본 연구를 위해 라스 테라사스 자연보호구역과 시에나가 데 사파타 국립공원을 선정해 현지 조사를 진행하였다. 라스 테라사스는 쿠바의 아르테미사 주의 칸델라 리아 시정촌에 있는 작은 공동체이자 자연보호구역이다. 라스 테라사스는 쿠바 서부 아르테미사 지방의

<그림 7> 라스 테라사스 지역 공동체의 모습

시에라 델 로사리오 산맥에 위치하고 있다. 이 공동체는 1971년 시골지역과 공동체의 환경을 연결하려는 목적으로 시작된 생물권 보호구역 UNESCO 프로젝트의 결과물이다. 라스 테라사스는 식민지 시대를 거치며 인근 구리 광산, 무분별한 산림, 커피 농장으로 인해 대규모 삼림 벌채로 고통 받고 있는 지역이었다. 1985년에 유네스코가 시에라 델 로사리오를 보호구역으로 선포했을 당시 지역 공동체가 구역 안에 있는 것을 고려하여 관광개발이 계획되었다. 1994년에 라스 테라사스 관광단지가 공식적으로 준공되었고 서비스 부분, 특히 지속가능한 생태관광과 현대적 편의시설 설치 및 경제기반의 혁신이 시작되었다. 공동체는 상대적인 고립으로 인해 시장, 학교, 약국, 영화관 및 도서관 등 기본 시설이 함께 설계되었다.

라스 테라사스 지역공동체의 주요 관광 상품은 숲속에 케이블을 이어 만든 짚라인과 지역 내의 호수 등이 있다. 특이점은 지역공동체 내에 현지 주민들이 살고 있다는 것인데 관광객들은 그들의 삶의 모습을 가까이서 지켜볼 수 있다. 그들이 이용하는 도서관과 카페 등을 이용해 볼 수도 있다. 현재 라스 테라사스에는 관광객들을 위한 관광 상품 또한 제공한다. 관광객들에게 현지 가이드를 배정하여 라스 테라사스 지역공동체의 개요와 역사 등을 설명해주고 공동체와 관련해 자유롭게 이야기를 나눌 수 있는 시간을 갖는다. 관광 상품의 대상인 라스 테라사스는 환경적 특색뿐만 아니라 사람과 생태가 유기적으로 연결돼있는 쿠바 사회를 관광할 수 있는 공간이다.

에나가 데 사파타(Ciénaga de Zapata Biosphere Reserve)는 쿠바 남쪽 해안의 마탄사스 지방 내의 유네스코 생물권 보존지역이다. 628,171헥타르의 보호 구역은 사파타의 늪을 포함 하며 카리브해 지역에서 가장 크고 중요한 습지 중 하나이다. 보호구역 내에는 초원, 맹그로브 숲, 상록 해안 및 연안 삼림과 같이 다양한 생태계와 토지 유형을 보여준다. 또한 주요 산호초와 해안 석호가 이루어져 있고 쿠바에만 서식하는 쿠바 악어가 서식한다. 지역주민은 9천여 명 정도로 어업, 공동체 농업, 관광, 수공예품 등에 종사하고 있다. 늪지대로 이루어진 악어농장에서는 악어 먹이주기, 악어와 함께 사진 찍기 등을 체험해 볼 수 있는데 상대적으로 라스 테라사스에서 진행되는 컨텐츠에 비해 지속가능한 관광을 위한 요소가 다소 부족하다. 람사르 습지와 유네스코 생물권 보존이라는 명성을 가지고 관광객을 이해시킬 수 있는 교육 컨텐츠를 개발하면, 관광객의 만족과 현지 주민들이 상생할 수 있는 관광지가 될 수 있다고 생각한다.

<그림 8> 시에나가 데 사파타 늪지대 풍경

<그림 9> 관광객들이 라스테라사스 역사에 대해 교육받고 있는 모습

5) 쿠바 자연생태 관광과 쿠바 사회 변동

최근 들어 많은 수의 쿠바 관광객들이 쿠바의 자연에 매력을 느끼고 방문을 한다. 미국과 관계 정상화 이전 쿠바의 자연은 현지주민들의 일상이고 일터였다. 쿠바로 향하는 관광객들이 급증하며 경관이 수려하고 생태적 모습이 큰 지역의 현지주민들 일부는 관광업에 종사하게 되었다. 라스 테라사스 지역공동체의 경우 빼어난 생태적 환경과 더불어 현지주민의 삶을 관찰할 수 있다는 특징 덕분에 쿠바의 주요 관광지 중 하나가 되었다. 개방이 가속화됨에 따라 방문자 수가 급증하게 되면서 관광업으로 전환하는 지역공동체 주민들의 수도 증가하였다. 현지 쿠바 페소보다 가치가 높은 쿠바 달러를 벌 수 있기 때문에 수입이 늘어나는 한편 지역공동체의 본질과 매력을 점점 잃게 된다는 문제점도 있다.

4. 교육

현대에는 자연환경이나 문화유산뿐만 아니라 한 사회의 교육, 의료, 복지 서비스를 배우고자 하는 관광이 생겨나고 있다. 그중에서도 쿠바의 교육과 의료 시스템은 세계적으로 널리 알려져 있다. 본 연구는 쿠바 교육부와 아바나 대학교와 같은 교육 기관들을 관광하며 쿠바의 교육 시스템과 교육 관광이 쿠바 사회에 끼친 영향에 대해 조사하였다. 아바나대학교 국제교류센터 부원장 Gilberto Javier Cabrera Trimiño와 쿠바 교육부 관계자이자 문화예술종합대학 부학장인 Aldo Pérez Sánchez를 만나 실시한 인터뷰를 통해 다음과 같은 결론에 도달할 수 있었다.

쿠바는 1959년 공산주의 혁명 이후 그 사상에 맞는 이데올로기에 초점을 맞추어 혁신적인 사회구조에 대한 개혁을 실행하였다. 그들이 말하는 교육은 두 가지에 초점을 두고 있었다. 일터로 나가기 전의 교육과 실제로 그들이 행하는 노동이 두 가지를 결합할 것을 강조하고 있었다. 그들은 세계에서 가장 강한 미국으로부터 혁명을 성공시킨 이후 경제적인 위기에 봉착했었다. 그 위기를 극복하기 위

<그림 10> 쿠바 교육부 관계자　　　　<그림 11> 아바나대학교 국제교류센터
Aldo Pérez Sánchez 교수와의 인터뷰　　부원장 Gilberto Javier 교수와의 인터뷰

하여 실용주의 측면에서 교육 개혁을 시작했고 이는 실질적인 일자리 창출에도 큰 도움이 되었다.[11] 교육 개혁 성공이라는 큰 성과를 거두고 이를 바탕으로 교육을 희망하는 전 인민들에게 무상교육을 실시하고 있다. 이러한 무상교육은 쿠바의 문맹률을 낮추고 많은 인재들을 키워냈다. 이후 쿠바는 현재 해외 여러 유수 대학들과 협정을 맺으려는 노력을 하고 있다. 이는 해외 대학들과의 학술교류나 교환학생 프로그램 등 교육 관광을 통해 세계 속에서 쿠바가 고립되지 않으려는 변화된 움직임을 보여주고 있다.

　그들의 교육 중 가장 큰 특징은 사회주의라는 체제 속에서 모든 과정들이 질서 있고 틀에 맞추어 구조화되어있는 점이다. 쿠바는 사회주의 체제로, 사회적 수요에 따라 철저하게 직업을 분배하는 식이다. 따라서 쿠바 학생들은 학과를 선택하고 그에 맞게 국가가 정해준 직업을 가지게 된다. 이렇듯 쿠바 교육은 쿠바 사회로 대변될 수 있다. 또한 그들은 사회문제가 곧 교육문제라고 생각하며, 변화하는 사회에 따라 내부 교육 시스템을 바꾸는 것이 가장 중요하다고 여긴다.

---

11) 한만길, 「쿠바의 사회변화와 교육개혁 연구」, 『비교교육연구』제14호, 2004년, 177~193쪽.

III. 쿠바의 한인이주 연구

1. 쿠바의 한인이주 역사

한국과 정반대에 위치한 쿠바는 우리에게는 낯선 곳이다. 그렇지만 쿠바에는 한인사회가 형성되었고 조선으로 독립자금을 보내는 등 일제독립운동의 한 현장이었다. 최초의 이민은 멕시코 유카탄 반도의 에네켄 농장의 계약노동자다. 1905년 황성신문의 광고를 보고 한국을 떠난 1033명은 풍요의 꿈을 꾸며 멕시코 유카탄 땅을 밟는다.[12] 그러나 도착한 순간부터 이들은 속았음을 깨닫는다. 철두철미하게 자국의 이익을 계산한 일본 정부와 영국인 국제이민 브로커 존 마이어스(John G. Myers)가 공작한 사기였기 때문이다. 오직 생존을 위한 낯선 타국에서의 노예생활이 시작된 것이다. 아래는 1904년 12월 17일(음력 11월 11일)부터 1905년 1월 13일까지 일곱 차례에 걸쳐 <황성신문>에 게재된 멕시코 한인 이민자 모집광고 내용의 일부이다:

> "북미 묵서가(墨西哥, 멕시코국)는 미합중국과 이웃한 문명 부강국이니, 수토가 아주 좋고 기후도 따뜻하며 나쁜 병질이 없다는 것은 세계가 다 아는 바이다. 그 나라에는 부자가 많고 가난한 사람이 적어 노동자를 구하기가 극히 어려우므로, 근년에 일, 청, 양국인이 단신 혹은 가족과 함께 건너가 이득을 본 자가 많으니, 한국인도 그곳에 가면 반드시 큰 이득을 볼 것이다."

멕시코에서 1909년 4년 동안의 계약 기간이 끝났을 때, 한인 노동자

---

12) 정경원. 「설문 조사 분석을 통한 쿠바 한인 후손들의 정체성 실태 연구」, 『스페인어문학』제33호, 2004년, 477~494쪽.

들은 실질적으로 얻은 바가 없었다. 오로지 고국으로 돌아가기 위해 하루하루 생존을 위한 몸부림이 전부였던 그들은 현지에 적응하지 못했다.[13] 당시 멕시코 한인 이민의 1.5세대였던 임천택의 멕시코 정착에 대한 회상은 그 무렵 한인들의 현실을 잘 보여 준다:

> *"인천에서 출발한 지 30여 일 만에 지루한 항로를 건너 별 장애 없이 묵국 '살리나 구르스'에 도착해 이민국 검사를 거쳐 다음 '유카탄 부로그래스' 항에 상륙하니 때는 5월 15일(음력 4월 16일)이었습니다. '유카탄'도 수부 '메리다'에 도착하여 5~6일이 지나서 식민회사의 지시에 의해 어저귀 농장으로 몇 십 명씩 각각 헤어져서 노예생활을 하게 되었습니다."*

메리다의 에네켄 농장으로 분산된 한인 이민자들은 대한제국과 완전히 단절되어 이들은 고립된 상태에 놓이게 되었다. 그럼에도 불구하고 그들은 한인 공동체 사회를 형성하고 언어와 유교적 전통문화를 유지하려고 노력했다. 하지만 대한제국이 일본에 의해 강점당하자 돌아갈 조국을 잃은 한인 이민자들은 이곳저곳 방황하는 생활을 하게 되었다. 그 중 대부분의 한인들은 유카탄 반도에 머물렀지만, 운이 좋은 몇몇은 미국 특히 하와이로 이주했고 극소수의 고국으로 돌아간 사람도 있었다. 1921년 제1차 세계대전이 끝난 후 쿠바의 설탕 산업이 호황을 맞이하자 쿠바의 사탕수수 농장은 많은 외국인 노동자들을 필요로 했고 멕시코에 거주하던 한인 288명이 쿠바의 마나띠(Manati)항에 도착하여 쿠바에서 새 삶의 보금자리를 마련했다.[14] 그러나 설탕 산업은 그리 오래가지 못했다. 1920년 파운드

---

13) 안금영, 「중남미문학: 초기 멕시코 한인 이주민의 쿠바 정착 과정」, 『스페인어문학』제28호, 2003년, 671~691쪽.

14) 정경원, 「설문 조사 분석을 통한 쿠바 한인 후손들의 정체성 실태 연구」, 『스페인어문학』제33호,

당 22.5센트에 거래되던 설탕 값이 1920년 12월에 3센트로 폭락하여 더 이상 값이 오르지 않자 일부 한인들은 당시 노동력을 필요로 했던 지역인 마탄사스로 이주하여 멕시코에서 일하던 기술과 경험을 바탕으로 다시 에네켄 농장에서 고된 일을 하기 시작한다. 그 이후 마탄사스 농장 지역은 쿠바 한인들의 근거지로 자리 잡게 되고 지금도 그곳에는 여전히 한인 후손들이 많이 살고 있다.[15] 이후 생활수준이 향상되면서 마탄사스뿐만 아니라 카르데나스, 아바나 지역으로 한인들이 퍼져 나가게 되었다. 현재 마탄사스에는 쿠바 내 한인 인구의 약 1/5가, 마탄사스 주에 위치한 카르데나스에는 한인 인구의 약 1/3이 거주하고 있다.[16]

2. 쿠바 한인후손의 정체성

한인들의 이주 역사를 들여다보면 그 속에 그들의 정체성을 지키고자 했던 여러 노력들을 찾아볼 수 있다. 멕시코에서 쿠바로 처음 이주했을 당시 한국은 일제의 식민지였으며 따라서 한인들은 무국적자 상태였다. 일본 영사관에서는 그들에게 일본 귀화를 권유하였으나 한인들은 강하게 반발하였다. 쿠바 주재 일본 영사는 한인들을 일본인으로 여기지 않아 서류 처리상 문제가 생겨 한인들은 쿠바에 상륙하지 못한 채 바다에 발이 묶여있었다. 결국 재미 한인회와 메리다 한인회의 항의로 한인들이 상륙할 수 있게 되었다.[17] 이후 그

2004년, 478쪽.

15) 국회 재외동포문제연구회, 『21세기 재외동포정책의 바람직한 방향: 일제식민지하 이주 재외동포의 현황과 과제』, 대한민국국회, 2004년, 57쪽.

16) 라울 루이스, 마르타 림 김 지음, 정경원 등 옮김, 『쿠바의 한국인들』, 재외동포재단, 2004년.

17) 정경원, 신정환, 「중남미문학: 쿠바 한인 후손들의 정체성 상실 과정 연구」, 『스페인어문학』제28호, 2003년, 717~731쪽.

들은 마탄사스(Matanzas)의 엘 볼로(El Bolo) 마을에 정착하여 한인 촌을 건설하였다. 미탄사스의 에네켄 농장에서 억압과 감시를 받으며 힘든 노동을 이어나갔지만, 12시간의 연속된 노동에도 지주들은 정당한 대가를 지불해 주지 않았다. 그들을 쉴 새 없이 노동을 했다. 이렇게 겨우겨우 살아가는 상황 속에서도 한인들은 입에 풀칠하기도 어려운 돈을 모아 조국 광복 사업에 꾸준히 후원하였다. 독립 운동가이신 김구 선생의 기록물에서도 쿠바 한인들의 후원에 관한 내용을 찾아볼 수 있다.

쿠바 이주 한인들의 정체성 유지 노력은 이뿐만이 아니었다. 그들은 정체성을 이어나가기 위해선 후손들을 교육하는 것이 가장 중요하다고 생각했다. 따라서 1923년 민성국어학교를 설립하였고, 1928년에는 진성국어학교도 설립하면서 어린 한인 후손들에게 한글을 가르치는 등 교육에 힘썼다. 청년학원도 설립하면서 다양한 교육 활동을 통하여 정체성 보존과 지식인 양성에 많은 노력을 기울였다. 게다가 일상에서는 한국의 전통음식을 직접 만들어 먹기도 하였으며, 명절을 빠짐없이 지내면서 전통적인 풍습을 이어나갔다.[18] 그러나 시간이 지남에 따라 정체성을 유지하는 것이 어려워졌다. 한인 3세대 이후부터는 거의 대부분이 혼혈로 현지 사회와의 동화가 이루어지기 시작하였고, 정권이 바뀌고 법이 개정되는 등 격변하는 쿠바 사회 속에서 조국에 대한 애착과 한국 전통문화에 대한 유대감이 점점 희미해져갔다.

하지만 아바나, 마탄사스 등지에 쿠바 한인회, 쿠바 한인후손회관과 같은 단체들을 설립하여 그러한 어려움들을 극복하고자 하였다.

---

18) 정경원, 신정환, 앞의 논문, 2003년.

현재 쿠바 전역에 약 640여명으로 추산되는 한인 후손들이 거주하고 있으며, 현지 조사를 통해 그들이 계속해서 전통을 이어가며 정체성을 잃지 않으려는 노력을 하고 있다는 것을 확인할 수 있었다. 한인후손회관에는 초기 쿠바 이주 한인들의 모습을 보여주는 사진부터 역사 기록 자료까지 아주 잘 보존되어 있고, 한국어 교실과 한국 문화를 체험할 수 있는 공간들도 마련되어 있는 등 한인 후손들의 유대감 강화 및 교류의 장으로 활용되고 있다. 그곳에서 한인 후손들은 김장하거나 한복을 입고 광복절을 기념하는 등 한국의 전통과 풍습을 이어가고 있다. 또한 최근 쿠바에서 인기를 끌고 있는 한국의 제품이나 콘텐츠, 특히 K-POP은 한인 후손들의 자부심을 높이고 그들의 정체성을 유지하는데 큰 역할을 하고 있다.

<그림 12> 한인 이주 역사 기록물

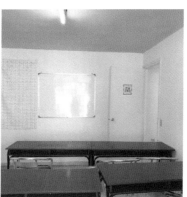

<그림 13> 한국어 교실 내부

<그림 14> 한인들이 담근 김치   <그림 15> 한국 전통문화 체험 공간

Ⅳ. 나가며

지금까지 '사회주의 체제하에서의 쿠바의 사회변동과 쿠바 한인 이주 역사'라는 주제로 연구를 진행하였다. 먼저 쿠바의 사회변화를 알아보기 위해 쿠바의 관광산업에 대해 탐구하였다. 그리고 쿠바 한인 이주와 관련하여 그것의 배경과 역사 그리고 현재 쿠바 한인 후손들에 대한 현지조사를 실시하였다. 본 연구는 먼저 관광산업을 크게 5가지로 나누었고 현지 조사를 통해 다음과 같은 결론을 도출하였다.

첫 번째, 역사 관광에서 핵심적인 요소인 쿠바 혁명은 생각했던 것보다 쿠바 내에 훨씬 더 깊게 자리 잡고 있었다. 특히 혁명이 관광 자원이 되어 자국민들의 애국심이 높아졌다. 이는 문헌조사로는 알 수 없었던 쿠바 사회 변동의 질적인 부분을 탐구했다는 점에서 의의가 있다.

두 번째, 쿠바의 문화예술은 관광과 만나면서 이전에 찾아볼 수 없었던 새로운 혼합된 문화를 만들어냈고, 이는 쿠바인들, 특히 젊은 세대들에게 큰 영향을 미치고 있다. 사회 개방 정책으로 관광객이 증가하였고 자연스럽게 외부의 문화예술적인 요소들이 유입되었다. 그것이 쿠바 예술과 만나 혼합된 형태로 나타났는데 아바나 국립 미술관의 국제관과 쿠바 예술문화 복합 공간인 FAC에서 찾아볼 수 있다. 음악을 직업으로 삼는 쿠바인들의 수도 증가했다. 거의 모든 관광지의 식당과 카페에서 노래를 부르고 악기 연주를 하는 사람들을 볼 수 있는데, 이는 쿠바의 관광 산업이 확대됨에 따라 쿠바인들의 삶에서 빼놓을 수 없는 음악이라는 요소가 생계수단으로 확장된 결과로 생각한다.

세 번째, 쿠바의 자연생태 관광은 천혜의 자연경관과 더불어 사람과 생태가 유기적으로 연결돼있는 쿠바 사회를 함께 관광할 수 있다는 특징을 가진다. 그러나 라스 테라사스나 시에나가 데 사파타를 방문하였을 때, 점점 증가하는 관광객으로 인한 부정적인 사회적 변화들도 보였다. 쿠바 자연생태 관광의 가장 큰 특징 중 하나가 사람과 생태가 어우러진 공동체 사회인데, 그곳의 현지인들이 점점 관광 상품을 만들어내고 관광업에 종사함으로써 그들의 본질을 잃어가는 것 같았다. 그리고 이에 따른 환경 파괴 문제를 꼽을 수 있는데, 앞으로 증가할 관광객에 대비해 지속가능한 관광이 될 수 있도록 자연 보호 계획과 무분별한 상업화 자제 등 쿠바 정부와 사회의 상호 노력이 필요하다.

마지막으로 쿠바의 교육 시스템과 교육 관광이 쿠바 사회에 끼친 영향에 대해 조사하였다. 관계자와의 인터뷰에 따르면, 교육 개혁을 통해 큰 성과를 거둔 이후 쿠바는 현재 해외 여러 유수 대학들과 협정을 맺으려는 노력을 하고 있다. 특히 아바나 대학교는 이에 적극적인 태도를 보였으며 한국의 부경대학교와 MOU체결을 결정하였다. 쿠바가 점차 개방 되면서 쿠바로의 교육관광이 증가함에 따라, 쿠바 역시 해외 대학들과의 학술교류나 교환학생 프로그램 등 교육관광을 확대시켜 세계 속에서 쿠바가 고립되지 않으려는 움직임을 보여주고 있었다. 이외에도 앞으로 더욱 개방될 쿠바 사회에 발맞춰 교육과 생산 노동이 결합된 사회주의적 특징을 가진 쿠바교육이 어떻게 변화될 것인가에 대해서도 관심을 기울일 필요가 있다.

본 연구팀은 쿠바에 거주 중인 한인들의 이주 배경과 역사에 대해 조사하였다. 특히 그들의 정체성에 초점을 맞추어 보다 심층적인 연구를 진행하였다. 우선 쿠바 한인 이주의 배경과 역사를 보다 깊이 있게 조사하기 위해 문헌 연구 이외에 한인 후손과의 인터뷰 또한 진행하였다. 인터뷰를 통해 초기 세대 한인 분들의 경험과 그들의 독립운동에 관해 보다 세부적인 내용들을 조사함으로써 이주 역사에 대한 질적 연구가 이루어졌다는 점에서 큰 의미를 가진다. 본 연구팀은 이주 초기 세대부터 정체성을 지키고자 했던 한인들의 노력을 역사적인 흐름에 따라 조사하였고, 정체성을 지키기 위한 노력의 일환으로 설립한 쿠바 한인후손회를 방문하여 현지 조사를 실시하였다. 한인 후손들은 모두 쿠바에서 나고 자랐지만 자신들이 쿠바인일 뿐만 아니라 한국인이라는 생각을 가지고 있어, 한국의 전통을 이어가며 정체성을 잃지 않으려는 노력하고 있는 것을 알 수 있었다. 또한 그들 대부분은 한국인들을 만나고 싶어 하며, 한인의 역사에 대해 배우려고 하는 자세를 갖추고 있다. 요즘엔 한국의 경제적인 발전이나 젊은 사람들의 유학 등으로 한국의 소식을 접하면서 한국에 대한 동경이 높아지고 있다고 하였다. 최근 쿠바에서 인기를 끌고 있는 한국의 제품이나 콘텐츠, 특히 K-POP은 한인 후손들의 자부심을 높이고 있으며, 그들은 한국의 문화를 쿠바인들에게 소개하기도 한다. 이러한 점으로 미루어 볼 때 쿠바 한인 후손들을 그들이 한국인이라는 정체성에 대해 긍정적으로 생각하고 있음을 알 수 있었다.

한편 한인 후손들은 정체성 유지 노력과 한국에 대한 관심에 비해 한국과의 교류는 원활하게 이루어지지 않고 있는 실정이다. 이는 아래의 한인 후손들의 설문 조사를 통해 알 수 있다.

<표 1> 한국 정부가 한인 후손에게 기울인 관심과 지원 정도

한국정부의 지원/관심	빈도	퍼센트	유효 퍼센트
많다	2	2.2	2.2
보통	6	6.7	6.7
거의 없다	15	16.9	16.9
아무 것도 없다	66	74.2	74.2
합계	89	100.0	100.0

설문조사 응답자의 91.1%가 교류가 전혀 이루어지고 있지 않으며 아무런 지원을 받지 못했다고 생각한다. 쿠바의 한인 후손들은 현재 문화, 교육, 경제적 측면에서 한국 정부의 지원을 원한다. 하지만 현재 한국과 쿠바 간의 외교적 교류가 없다는 것이 가장 큰 원인 중 하나이며 교류가 발전하기 위해 어떠한 정책들을 펼쳐야 하는지 모색해야 한다. 한국 정부가 한시라도 빨리 쿠바와의 외교 관계를 발전시켜 한인 후손 사회에 더 나은 교육 환경과 물질적인 면으로 지원해야 한다.[19]

---

19) 정경원. 앞의 논문, 2004년, 490~491쪽.

본 연구는 질적 연구를 중심으로 진행되었기 때문에 표본이 적어 일반화함에 있어 한계점을 가지지만, 개개인의 경험과 사실에 초점을 맞춰 보다 심층적인 조사를 실시함으로써 해당 분야에서 지금까지 알려지지 않았던 정보들을 얻을 수 있었다는 점에서 중요성을 가진다. 또한 많은 연구가 진행되지 않은 국가와 분야를 선택하여 현지조사를 행함으로써 후속 연구의 활용자료로 이용될 수 있다.

참고문헌

<저서>
국회 재외동포문제연구회, 『21세기 재외동포정책의 바람직한 방향: 일제식민
      지하 이주 재외동포의 현황과 과제』, 대한민국국회, 2004년
라울 루이스, 마르타 림 김 지음, 정경원 등 옮김, 『쿠바의 한국인들』, 재외동
      포재단, 2004년

<논문>
한만길, 「쿠바의 사회변화와 교육개혁 연구」. 『비교교육연구』제14호, 2004년
정경원. 「설문 조사 분석을 통한 쿠바 한인 후손들의 정체성 실태 연구」, 『스
      페인어문학』제33호, 2004년
안금영, 「중남미문학: 초기 멕시코 한인 이주민의 쿠바 정착 과정」, 『스페인
      어문학』제28호, 2003년
정경원, 신정환, 「중남미문학: 쿠바 한인 후손들의 정체성 상실 과정 연구」,
      『스페인어문학』제28호, 2003년

<인터넷 자료>
두산백과, "쿠바의 자연", 두산백과,
      https://terms.naver.com/entry.nhn?docId=1178376&cid=40942&categor
      yId=33136(검색일: 2018년 9월 8일)
강석영, "쿠바의 자연환경", 『라틴아메리카사』,
https://terms.naver.com/entry.nhn?docId=1004791&cid=62120&categoryId=621
      20(검색일: 2018년 9월 8일)
Richard Levins, "Cuba's environmental strategy", CUBA TODAY(WINTER
      2000), https://revista.drclas.harvard.edu/book/
      cubas-environmental-strategy (인용날짜 2018.09.08.)
Erika Sato, "Cuba's Tourism, the Embargo, and the Environment", Council
      on Hemispheric Affairs(2016.07.07.)
http://www.coha.org/cubas-tourism-the-embargo-and-the-environment(검색일: 2018년 9월 8일)위
      키백과: 쿠바 혁명, https://ko.wikipedia.org/wiki/%EC%BF%A0%EB%B0%94_
      %ED%98%81%EB%AA%85 (검색일: 2018년 9월 9일)

쿠바는 이제는 보기 드문 사회주의라는 정치체제를 유지하는 몇 안 되는 나라이다. 조사를 하며 쿠바만의 특이한 점을 찾을 수 있었는데, 사회주의 색체가 여러 분야에 걸쳐 녹아들어 있었다. 또한 사회주의라는 주제에 대해 쿠바 현지인들과 얘기해볼 기회가 있었는데, 현지인들은 사회주의에 대해 전혀 부정적인 인식을 가지고 있지 않았고 다양한 관점에서 사회주의를 이해하고 있었다. 내가 대한민국에 태어나 사회주의에 대해 편협한 시각을 배우고 자라왔다는 사실을 생각하는 계기가 되었다.(유용규-국제지역학부)

별첨 3. 쿠바 팀 글로벌 지역학 성과 발표회 PPT

1. 역명

2. 교육

1959년 사회주의 혁명

▼

교육기관 국유화

Sistema Educativo de Cuba
자체 교육시스템 운영

1976년 헌법체택
고등교육부 설립

2. 교육

대학 연구소, 사업장과
긴밀한 산학협력관계

사회의 요구와 대학의 요구 일치

▼

학생의 삶의 질 높아짐

▲ 쿠바 교육부 관계자 산체스씨와의 인터뷰

3. 문화예술

▲ 쿠바의 길거리와 식당에서 흔하게 볼 수 있는 악사들의 모습

사람

쿠바는 다양한 사람들이
어울려 공존하는 나라이다.

4. 사람

현지 조사를 하며 만난 현지인들, 낯선
▼ 이방인 이였던 우리에게 환영을 해주었다.

4. 사람

혁명 전 백인이 상류계층
유색인종은 사회적 차별

▼

사회주의 혁명 이후
평등한 사회분위기 조성

▼

다양한 인종만큼
다채로운 문화 생성

백인 흑인 물라토 메스티소 등
다양한 인종 구성의 다인종 국가

자연

쿠바는 '자연을 포함한 국가'가 아니라,
'국가를 포함한 자연'이라
할 수 있는 나라이다.

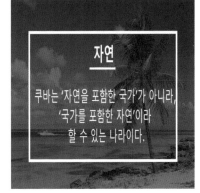

5. 자연

· 자연을 보존함과 동시에 함께 성장하
는 쿠바
자연과 함께 공존하고 사람들도
함께 즐길 수 있도록 조성되어 있음

5. 자연

관광

쿠바의 관광은 두명의
Ernest로 대표할 수 있다

6. 관광

Ernest

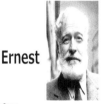

Ernesto Rafael Guevara de la Serna
(Che Guevara)

Ernest Hemingway

6. 관광

6. 관광

곳곳에서 찾아볼 수
있는
체 게바라

Muchísimas
Gracias!

제5편

글로벌시대의 창업과 취업

14장 베트남 커피·식음료 사업 트렌드 및 창업 방안

2018년 하계 글로벌챌린지: 베트남

팀명: Việt Nam ngon lắm

팀원: 배영민(국제지역학부, 3학년)

김민정(국제지역학부, 2학년)

박수향(국제지역학부, 2학년)

전영인(국제지역학부, 2학년)

최수미(국제지역학부, 2학년)

Ⅰ. 들어가며

베트남은 동남아시아에 있는 사회주의 국가이다. 수도는 하노이며, 경제중심지는 수도인 하노이가 아닌 최대도시인 호찌민(구 사이공)이다. 2018년 5월 기준으로 하노이 인구는 760만 명이지만 호찌민의 인구는 842만 명으로 호찌민이 베트남의 경제, 문화, 교통의 중심지임을 알 수 있다. 화폐는 동을 쓰며 우리나라와 수교는 1992년부터 시작되었다.

베트남은 글로벌 경제위기, 트럼프 미국 대통령 당선 등 급변하는 세계 정치 및 경제 환경에도 불구하고 성장세를 유지하고 있다. 외국기업들의 활발한 투자와 제조업 발전으로 '포스트 차이나(post China)'로 불릴 정도이다. 2017년 베트남의 경제성장률은 목표치를 뛰어넘어 6.81%를 달성하였으며, 글로벌 회계·컨설팅 법인 프라이스 워터 하우스 쿠퍼스(PwC)의 '2050년 세계 전망보고서'에 따르면 향후 35년간 세계에서 가장 빠른 성장 속도를 이룰 것으로 보인다. 이처럼 베트남은 증가하는 외국자본 유치와 안정적인 정치 기반을 바탕으로 지속적 경제 구조 개혁을 통해 눈부신 경제성장을 이룰 전망이다.

1. 식음료 사업 가능성

베트남 1인당 국민소득이 2000달러를 넘어선 만큼 의식주를 중심으로 한 수요가 급증하고 있다. 젊은 소비층의 확대와 식생활의 급격한 서구화, 도시로의 인구 밀집으로 인해 베트남 내 식음료 산업의 잠재력은 무궁무진하다. 특히 베트남 사람들의 커피 소비량이 증가한 주요 원인은 현지인들의 경제 능력 향상, 카페 수 증가로 인한 소비의 폭 확대, 10~30대의 젊은 현지 소비층의 입맛 변화 등으로 볼 수 있다. 다양한 카페가 등장함에 따라 커피를 응용한 메뉴도 많이 변화하였다. 비교적 개방적인 젊은 소비층의 취향 덕분에 다양한 종류의 상품을 수용하며 카페 업계에 발전을 도모할 수 있었다.

베트남의 외식시장 규모는 2010년 기준 약 127.5억 달러에 달하는 것으로 추정된다. 그중 음식점 부문이 전체 시장의 99.4%로 대부분 영역을 차지하고 있으며, 베트남 외식 시장은 2011년~2016년 기준 연평균 15.1% 성장하였다. 베트남은 외식 문화가 굉장히 발달해 있다. 아침도 사 먹고 점심은 물론 저녁까지 집 근처 길거리 식당 등에서 해결한다. 베트남이 외식 문화가 발달한 이유는 첫 번째, 집에 냉장고가 없는 집들이 많기 때문이다. 따라서 일반 서민들의 경우 식자재를 싸게 많이 사서 상하지 않게 보관하는 마땅한 방법이 없다. 냉장고가 없으니 남은 음식을 보관하는 데에도 어려움이 있을 수밖에 없다.

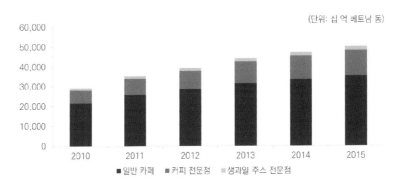

(단위: 십 억 베트남 동)

일반 카페 ■커피 전문점 ■생과일 주스 전문점

("베트남 프랜차이즈 카페가 스타벅스보다 잘 나가는 이유", <Kotra 해외시장 뉴스>, 2017. 3. 14.)

<그림 1> 해 마다 증가하는 베트남의 음료 매장 수

　두 번째, 베트남은 모계사회이다. 한국처럼 남자는 일을 해서 돈을 벌고 여자는 살림한다는 암묵적인 구분이 존재하지 않는다. 베트남은 가정 생계를 책임져야 하는 가장 역할을 강한 생활력을 가진 여자들이 맡는 경우가 많다. 게다가 공산주의 사회 특유의 남녀평등 의식이 더해져, 외식 문화가 발달할 수밖에 없었다.

　베트남의 외식 시장 성장은 안정적 경제 성장 기조를 토대로 장기간 지속할 것으로 예상된다. 외식 시장 진출을 위해서는 현지 시장 추세와 수요자 니즈 파악이 필요할 것이다. 이에 우리의 조사는 베트남 현지 조사를 통해 커피 및 식음료 산업과 외식 추세를 파악하고 베트남 시장의 특성을 이해하는 것을 목표로 삼았다. 또한 현지에서 유명한 카페와 식당을 방문하여 경쟁력을 파악하고 이를 통한 창업 방안을 제시할 것이다.

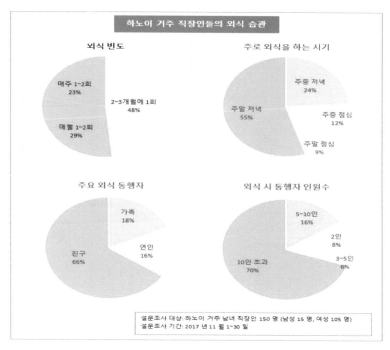

("베트남, 음료시장 매력적 투자시장 부상", <Kotra 해외시장 뉴스>, 2009. 4 .23.)

<그림 2> 하노이 거주 직장인들의 외식 습관

2. 조사 목적 및 내용

이번 조사의 주요 목적은 베트남 커피 및 식음료 사업 트렌드와 창업방안 연구이다. 이를 수행하기 위해 첫 번째로, 베트남 F&B 사업의 추세를 파악하기 위해 하이랜드, 쭝웬레전드, 콩카페 등 베트남 유명 프랜차이즈 카페 방문과 다국적기업 카페인 스타벅스 방문을 통해 한국 카페와 어떤 차이점이 있는지 비교 분석하였다. 베트남은 외국 브랜드 카페 수보다 현지 프랜차이즈 카페 수가 월등히 많다는 것을 관찰할 수 있었다. 베트남 프랜차이즈 카페 업계에서 현지 브랜드가 우세한 까닭은 국내 시장을 예부터 선점했기 때문만은 아니다. 이들의 저력은 현지화 된 메뉴, 저렴한 가격, 열린 공간에 있다.

또한 카페에서 베트남 젊은 층을 타겟으로 한 설문조사를 통해 카페 방문 목직, 선호하는 커피 종류, 카페에 머무르는 시간 등을 조사하였다. 호찌민과 하노이의 소비자 추세를 비교, 분석하기 위하여 하노이, 호치민 두 도시에서 설문 조사를 실시하였다. 그리고 호찌민의 '카페 아파트먼트'라는 개인 카페들이 모여 있는 건물 방문을 통해 베트남 현지의 개인 카페는 어떤 인테리어로, 어떤 메뉴와 디저트로 좋은 반응을 얻고 있는지 살펴보았다. 이외에도 베트남 현지 로컬 카페를 방문하여 베트남 유명 프랜차이즈 카페와 같은 메뉴임에도 다르게 제공되는 커피 모습을 비교해보았다.

<그림 3> 하이랜드커피의 '카페쓰어다'

<그림 4> 같은 메뉴이지만 다르게
제공되는 로컬카페의 '카페쓰어다'

두 번째로, 구체적인 창업 방안을 도출하는 데 도움을 얻기 위해 베트남 현지에서 요식업을 하는 한국인 창업자들을 만나 인터뷰하였다. 또한 하노이의 한인 타운에 방문하여 한인 거주지에는 어떤 상권이 이루어져 있는지 조사해보았다. 한인 타운 상권 조사뿐만 아니라 하노이와 호찌민 유명 관광지 근처의 주변 상권도 탐색해보며 한인 타운 상권과는 어떤 차이가 있는지를 알아보았다.

그밖에도 롯데리아, 파리바게뜨 등 베트남에 진출한 한국 F&B 기업 업체들을 방문하여 한국과 비슷하면서도 다른 베트남 현지 진출 현장을 파악하고, 진출 전략에 대해서 생각해보았다.

II. 베트남 시장조사

1. 프랜차이즈 카페 조사

스타벅스, 커피빈 등 해외 유명 카페브랜드들의 베트남 진출에도 불구하고 현지 프랜차이즈 카페들이 우위를 점하고 있다. 현지 프랜차이즈 카페들의 전략과 한국과의 차이점을 파악하여 현지 진출 방안을 모색하고자 조사하였다.

하이랜드 커피, 콩카페는 Dong Kinh Nghia Thuc Square 회전교차로, 짱띠엔 플라자 거리 등 번화가에 있으며, 쯩웬 레전드 카페는 짱띠엔 플라자, 호텔 밀집 지역 등 유동인구가 많고 접근성이 좋은 지역에 있다. 카페마다 고유한 이미지를 반영한 인테리어를 통해 자신들만의 분위기를 창조한다. 베트남 프랜차이즈 카페들의 가장 큰 전략은 현지화된 메뉴라고 할 수 있다. 우리는 현지 카페 브랜드 메뉴 분석을 통해 하이랜드는 'freeze', 콩 카페는 '코코넛 커피', 쯩응웬 레전드는 '쯩응우옌 커피' 등 서로 다른 대표 메뉴를 내세워 각자의 특색을 나타내며, 현지의 열대과일을 응용한 스무디, 생과일주스, 차와 '카페 쓰어다' 등 베트남 사람들에게 익숙한 메뉴를 전략으로 한다는 것을 알 수 있었다.

1) 하이랜드 커피

하이랜드 커피는 하이랜드 커피 로고의 색상인 붉은색, 갈색, 검은색 계열의 가구와 벽지를 사용하고, 벽에는 수상인형극 그림 등 베트남 전통과 관련된 일러스트를 배치함으로써 인테리어를 통해 현대적이면서도 베트남 현지의 프랜차이즈임을 분명하게 드러내고 있다. 하이랜드 커피는 '카페 쓰어다' 등 베트남만의 커피 메뉴 4가지, 일반적인 커피 메뉴 6가지, 커피나 녹차에 젤리를 넣어 만든 셰이크인 'freeze'라는 메뉴 5가지, 차 위에 열대과일을 올리는 메뉴 5가지, 반미, 케이크 등 특색 있는 메뉴를 선보이고 있다.

<그림 5> 하이랜드 커피 인테리어

<그림 6> 하이랜드 커피의 메뉴판

2) 콩카페

<그림 7> 사회주의 콘셉트의 콩카페
인테리어

<그림 8> 콩카페에 전시된 PB 상품

콩 카페는 사회주의와 베트남 전쟁이라는 콘셉트에 맞춰 톤 다운된 녹색 벽지, 전투복을 연상케 하는 PB상품 전시, 전투 물품 전시 등을 통하여 밀리터리하면서 빈티지한 분위기를 자아낸다. 전시 상황 당시 사용됐을 법한 라디오, 수통, 군복 등을 매장 인테리어로 내걸어 '젊은이들의 향수가 만든 카페'라는 극찬을 듣고 있다. 베트남 현지의 젊은 세대, 예술가, 관광객들에게 큰 인기를 끌고 있다.

콩카페의 인테리어는 다른 베트남 현지 브랜드 카페와도 큰 차이를 보인다. 전시 상황이 카페 인테리어의 모티브인 만큼 직원들의 유니폼, 벽지 색깔, 철근이 훤히 보이는 천장까지 인테리어에 매우 신경 쓴 흔적이 보인다. 에어컨의 본체와 연결관까지 당시 베트콩의 군복이었던 짙은 초록색으로 맞춘 것을 보면 섬세하게 자신들의 특징을 나타내고자 하는 것을 볼 수 있다. 콩 카페 메뉴는 일반 커피와 콩카페의 대표 메뉴인 '코코넛 커피'를 비롯하여 코코넛을 이용한 메뉴 5가지, 요거트 메뉴 5가지, 현지 음료 5가지, 식사류 4가지, 디저트류 4가지, 담배 6가지가 있다.

3) 쭝웬 레전드 카페

쭝웬 레전드 커피의 메뉴로는 생
과일주스 8가지, 스무디 8가지, '커
피 쯩응우옌' 6가지, 베트남 현지 커
피 3가지, 스페셜 커피 2가지, 식사
메뉴 12가지를 판매하고 있다. 쭝웬
레전드의 인테리어는 원목 가구와
화이트 톤의 벽지를 사용하여 깔끔
하고 차분하며 고급스러운 느낌을
준다. 매장 규모가 큰 곳은 나무와
풀, 연못 등을 이용한 인테리어를
통해 숲 속에서 커피를 마시고 있는
듯한 느낌을 주거나 바닥에 모래를
깔아 맨발로 모래를 밟으며 커피를
마실 수 있는 이색적인 곳도 있다.

<그림 9> 쭝웬 레전드 메뉴판

<그림 10> 쭝웬 레전드 카페 내부

우리는 하노이의 호안끼엠 호수 근처에 있는 곳과 호찌민에 위치
한 곳, 총 2곳에 방문하였다. 하노이의 쭝웬 레전드는 1층은 손님들
이 커피를 마시는 공간으로, 2층은 직원들을 교육하는 공간으로 사
용되고 있었다. 호찌민의 쭝웬 레전드는 3층 건물로, 1층은 계산하
는 곳, 2층은 손님들이 커피를 마시는 곳, 3층은 흡연이 가능한 공간
으로 사용되고 있었다. 모두 공통으로 입구 쪽에서 G7 원두와 그라
인더 등을 판매하고 있었다. 이곳의 원두와 여러 상품은 관광 기념
품으로도 인기 있다.

쭝웬 레전드의 가격대는 베트남의 싼 물가와 비교하여 상당히 비

싼 편이다. 카페로 들어가 앉으면 메뉴판과 함께 무료로 시원한 차를 한 잔 내어준다. 이 차는 원하면 더 마실 수 있다. 주문을 하면 그 자리에 주문한 음료를 가져다주는 방식으로 운영되고 있다. 이곳에서 카페 쓰어다를 주문하면 완제품이 아닌 원두 가루와 뜨거운 물이 들어있는 개인용 핸드드립 기구와 연유, 얼음이 담긴 잔이 함께 나온다. 이 개인용 핸드드립 기구의 디자인이 또한 가게 인테리어처럼 고급스러운 느낌을 준다. 5분에서 7분 정도 커피가 다 내려지기를 기다린 후, 한 방울씩 천천히 커피가 다 내려지면 연유와 함께 얼음 담긴 잔에 부어 마시면 된다.

4) 푹롱(Phuk Long) 커피

<그림 11> 푹롱 커피 음료 메뉴

베트남의 또 다른 프랜차이즈 카페로는 푹롱 커피가 있다. 푹롱 커피는 주로 호치민에 분포하며 대부분 벤탄 시장 근처, 호찌민 광장 근처 등 번화가에 있다. 푹롱 커피는 커피보다는 차가 유명한 카페이다. 메뉴도 다른 프랜차이즈들과 다른 양상을 보인다. Blended Beverage 15종류, Creamy 차 3종류, 스페셜 차 13종류, hot unique loose tea 5종류, 생과일주스 10종류, 과일 스무디 7종류로 차 종류가 무려 53종류지만 커피는 기본 커피 7종류뿐이다. 푹롱 커피는 자신의 녹색 로고에 알맞게 목재 가구와 녹색계열의 벽지를 이용하여 스타벅스, 하이랜드 카페처럼 현대적인 분위기를 조성하면서 동시에 커피보다 차 종류가 유명한

카페의 이미지에 부합한 인테리어를 추구한다.

푹롱 커피는 가격 면에서도 타 프랜차이즈 브랜드와 차이가 존재한다. 하이랜드의 가장 최저가 커피 '카페 쓰어다'가 29000동에서 35000동 사이, 스타벅스의 가장 최저가 메뉴 '오늘의 커피'가 50000동이지만, 푹롱 커피는 최저가 커피가 28000동에서 30000동 사이로 저렴한 편이며, 아이스티 가격을 비교하였을 때에도 하이랜드는 49000동, 스타벅스는 50000동이지만 푹롱 커피는 28000동에서 40000동 사이의 사이로 저렴한 가격대를 내세우고 있다. 또한 타 카페의 최고가 음료는 74000동, 105000동, 90000동 정도의 가격대이지만 푹롱 커피의 메뉴 중 최고가 음료의 가격은 49000동에 불과하다.

푹롱 커피는 다른 프랜차이즈에 비해 다양한 식사메뉴를 가지고 있다. 쌀이 들어간 메뉴 13가지와 면요리, 육류, 빵 등의 간편 식사메뉴가 16가지이다. 일정 기간 특정 음료와 이벤트에 해당하는 음식을 동시에 구매하면 10000동 정도를 할인해주는 프로모션을 진행하기도 한다. 또한 호찌민 카페에서는 좀처럼 볼 수 없었던 배달서비스를 제공하

<그림 12> 푹롱 커피 식사 메뉴

고 있었다. 푹롱커피는 점점 치열해지는 베트남 카페 시장에서 차별화 전략을 펴고 있다.

<표> 베트남 프랜차이즈 카페를 비교한 표

	하이랜드 커피	콩 카페	쭝웬 레전드 카페	푹롱 커피
위치	베트남 전역 (주로 번화가)	베트남 전역 (주로 번화가)	베트남 전역에 분포하지만, 호치민에 비교적 많이 분포	호치민 번화가 위주
인테 리어	붉은색 계열을 이용한 모던 인테리어	사회주의 콘셉트의 빈티지한 인테리어	화이트 톤을 이용한 깔끔한 인테리어	녹색과 원목 가구를 이용한 인테리어
주요 메뉴	베트남 현지 커피 (카페 덴, 카페 쓰어 다)	코코넛 커피	핸드 드립 커피	차 종류
가격대	35000동~74000동	30000동~85000동	36000동~85000동	28000동~49000동
차별화 전략	현지 커피 종류만을 이용한 메뉴	독보적이고 통일성 있는 콘셉트의 매장들	고급스러운 카페 이미지	차가 주 메뉴, 낮은 가격, 배달 서비스

2. 개인 카페 조사와 롯데리아 조사

베트남의 개인 카페를 조사하기 위해 개인 카페들이 밀집한 '카페 아파트먼트'를 조사하였다. 프랜차이즈 카페와의 차이점, 주요 고객과 전략 등을 조사하였다. 또한 한국 기업인 '롯데리아'가 어떠한 현지화 방법을 이용하여 베트남 식음료 시장 자리매김에 성공했는지 조사하였다.

1) 카페 아파트먼트

카페 아파트먼트는 호찌민 광장이 있는 Nguyễn Huệ 거리에 있고 노후화된 아파트를 개인 카페, 편집숍, 레스토랑으로 쓰고 있는 이색적인 장소이다. 겉은 굉장히 허름해 보이지만 아파트 내부는 깔끔하고 아기자기하게 잘 꾸며져 있어 현지인과 관광객들로 온 매장

<그림 13> 빼곡하게 상점이 즐비한 카페 아파트먼트 외부모습

이 붐빈다. 카페 아파트먼트에는 수많은 카페가 있고 각 매장이 지 닌 고유한 분위기가 다양하여 조를 나눠 조사하기로 하였다. 개인 카페들이 어떤 인테리어로, 어떤 메뉴와 디저트로 승부를 두고 있는 지 알아보았다.

첫 번째 팀은 카페 아파트먼트의 카페 중 'Partea' 라는 곳에 방문 하였다. 이곳은 자신이 직접 고른 티를 직접 고른 찻잔과 컵에 담아 먹을 수 있는 이색적인 카페이다. 다양한 티 종류가 갖춰져 있고 단 맛, 쓴맛, 꽃차 등 맛의 카테고리별로 리본 색상이 다르다. 찻잔도 다양하게 있어 고르는 재미가 있다. 내부 인테리어는 서양풍의 고급 인테리어이며 핑크&플라워톤 색상의 내부라 여성들이 선호할 만한 인테리어였다. 가격대는 2명~3명이 공유해서 먹을 정도로 한가득 팟에 나오는 티가 10만동 정도로, 한국보다 조금 쌌지만, 베트남 물 가치고는 비싼 편이었다.

<그림 14> 여성들이 좋아할만한 분위기를   <그림 15> 호치민 카페 아파트먼트에
가진 카페   입점한 'Partea'

두 번째 팀은 카페 아파트먼트의 카페 중 'The Maker'라는 곳에 방문하였다. 이곳은 카페와 레스토랑이 함께 운영되는 곳이었으며 내부 인테리어는 한국과 비슷했다. 주요 고객층은 10대, 20대 젊은 여성들이 대부분이었으며 평균적인 음료 가격대는 한국 돈으로 2500원 미만으로 가격 부담이 없었다.

이처럼 카페 아파트먼트의 개인이 운영하는 카페들은 각자의 특색을 지닌 인테리어와 메뉴들로 현지인과 관광객들의 발길을 이끌었다. 이곳에 입점한 카페에 방문하는 주 고객층은 관광객뿐만 아니라 베트남의 젊은 10대, 20대 여성 고객이라는 것 또한 알 수 있었다.

2) 롯데리아

호찌민 7군에 있는 크레센트 몰에 입점한 롯데리아를 조사하였다. 조사를 통해 한국 브랜드인 롯데리아가 베트남 현지에서 어떤 방식으로 현지화에 성공하였는지 파악하였다.

베트남의 롯데리아에는 한국에서 볼 수 없었던 'Big Star'라는 버거 메뉴가 있다. 이 버거는 패티와 양배추가 두 개씩 들어가 있고 버거의 한 가운데 빵이 하나 더 들어가 있는 형태이다. 한국보다 소금을 덜 넣은 싱거운 맛이고, 마요네즈 맛이 강하게 난다. 한국인에 비해 싱겁게 음식을 먹는 베트남 사람들의 입맛에 맞춰 현지화한 것으로 볼 수 있다.

<그림 16> 베트남 롯데리아 메뉴

세트메뉴 구성에서도 한국과 차이를 보인다. 한국에서는 버거 세트는 햄버거, 감자튀김, 콜라로 구성되는 세트로 선택권이 하나지만, 베트남에는 감자, 콜라로 구성된 Combo 세트와 닭 다리 치킨과 콜라로 구성된 Value 세트로 세트 구성을 선택할 수 있다. 또한 메뉴 중 밥과 고기, 채소가 한 접시에 나오는 한

<그림 17> 베트남 롯데리아에서 판매하는 한국의 간식 붕어빵

국에서는 볼 수 없는 rice 세트가 6가지로 선택의 폭이 매우 다양한 것을 볼 수 있었다. 눈에 띄는 것은 디저트류에 있는 붕어빵이었다.

이 메뉴는 베트남 롯데리아에서 가장 잘 팔리는 디저트라고 한다. 크기는 한국 붕어빵의 1/4 정도이지만 어디에서나 먹을 수 있는 팥소가 아닌 슈크림을 사용함으로써 식사 후 찾는 달달한 디저트라는 특성을 강화하였다. 한국 드라마에서 겨울을 배경으로 한 장면에는 붕어빵이 등장하는 장면이 종종 나와 현지인들에게 꽤 인기가 좋다고 한다. 가격은 25000동에 3조각, 35000동에 5조각이다.

3) 베트남 길거리 음식

<그림 18> 대표적인 길거리음식 반미. 한 끼의 식사가 된다. 한화로 2천원

외식문화가 발달한 나라답게 저녁은 간편하고 저렴한 가격으로 해결할 수 있었다. 한국에서는 반미(Bhan mi)가 샌드위치의 한 종류라고 여겨지는데 베트남에서는 한 끼 식사다. 길거리 음식이 워낙 많은 만큼 호객행위도 심한 편인데 가장 기억에 남는 곳은 반미 안에 들어가는 고기를 석쇠로 구우면서 냄새로 손님들을 모으는 길거리 수레였다. 석쇠에 고기를 구우면서 반미를 만들어주기 때문에 음식이 나오는 시간은 많이 걸리는 편이지만 눈앞에서 다듬어지는 재료를 보는 시각적·후각적 효과는 대단했다. 골목 끝에 있지만 퇴근 시간에는 옆에 있는 상점 앞까지 줄을 설 정도로 인기가 많은 집이었다.

최근 관광객들 사이에서 부상하는 베트남 길거리 음식은 베트남식 길거리 피자이다. 라이스 페이퍼 위에 파, 두부, 다진 고기, 치즈를 넣어 구워낸다. 이 음식을 베트남어로 뭐라 부르냐고 물었더니 파는 상인도 영어로 'Vietnamize Pizza'라고 한다. 야시장의 관광객들이 주 고객이다 보니 베트남 현지식에서는 느낄 수 없었던 자극적인 매운맛이 많이 느껴진다. 베트남 음식에는 모두 고수가 들어갈 거라는 편견 때문인지 향신료도 쪽파밖에 들어가지 않는다.

베트남에서는 쌀국수를 아침으로 많이 먹는다. 호텔 앞에 있는 쌀국수 가게들은 아침에는 줄을 설 정도로 사람이 많았다. 길거리 카페에 앉아 가장 맛있는 쌀국수 집을 추천해달라고 했더니 사람이 많이 있는 곳에 들어가면 맛있는 집이라는 대답이 돌아왔다. 베트남 사람들이 출근하기 전에 먹고 간 쌀국수는 면의 양도 많았지만 어묵과 갈비가 토핑으로 올라가 매우 든든한 한 끼를 제공하고 있었다. 육수 또한

<그림 19> 아침식사로 먹은 현지식인들에게 유명한 쌀국수집의 쌀국수로, 다양한 종류의 어묵과 소고기가 들어가 있음.

우리나라에서 먹는 자극적인 육수가 아닌 소뼈를 오랜 시간 우려 아침에 먹어도 부담스럽지 않은 맛의 육수였다. 눈에 띈 점은 프랜차이즈 쌀국수 음식점과 달리 국수에 넣어 먹을 수 있는 양념 5가지 정도가 테이블에 갖춰져 있었다는 점이었다.

베트남 로컬푸드를 접하면서 가장 기억에 남는 점은 생각보다 현지 음식에 고수가 많이 쓰이진 않는다는 점이었다. 고수보다는 깻잎, 페퍼민트, 바나나 줄기 등 다양한 종류의 허브가 식사에 곁들이는 채소로 많이 쓰이고 있었다. '동남아시아 요리하면 고수'라는 편견 때문에, 동남아시아 여행 시 그 나라의 문화, 종교, 사람, 역사보다는 "고수 빼주세요"라는 말을 가장 먼저 배우는 우리가 얼마나 무지했고 편견을 갖고 있었는지 알 수 있었다.

III. 만약 베트남에서 창업을 한다면?

이번 베트남 하노이, 호치민 시장조사를 통해 본 연구팀은 베트남의 경제가 지속해서 성장할 가능성이 있으며 식음료 사업은 경제발전, 관광지로서의 베트남의 발견 등 더욱 확장될 가능성이 높다는 것을 깨달았다. 베트남은 한국보다 풍부하고 저렴한 식자재, 다양한 향신료를 기반으로 전 세계인들의 입맛을 사로잡는 음식이 있다. 식음료 사업에서는 저렴한 단가와 매장의 서비스와 인테리어 분위기 조성으로 소비자를 사로잡을 가능성이 매우 크다고 판단하였다.

한류 덕분에 한국 드라마, 영화, 예능프로그램이 널리 퍼져있어 한국인에 대한 우호적 인식과 한국식 디저트인 호떡, 곶감, 뻥튀기, 붕어빵에 대한 호기심과 호감이 매우 높다는 것을 알았다. 한국의 디저트를 외국인의 입맛에 맞도록, 호기심이 생기도록 하는 것이 관건이라고 생각했다. 카페에서 판매하는 와플에서 모티브를 얻어 호떡에 바닐라 아이스크림이나 생크림을 얹어 판매한다면 좋은 반응을 일으킬 것이라 본다. 호찌민의 롯데리아 매장에서 외국인들에게 호기심을 주어 인기가 많은 붕어빵은 슈크림, 팥 소, 고구마 크림 다양한 맛을 주면 더 큰 반응을 불러일으킬 것이다. 이러한 참여, 관찰의 결과와 호찌민과 하노이의 소비자들이 식당, 카페 선택 시 분위기를 많이 고려한다는 등 설문 조사 결과를 바탕으로 사업 계획을 세워보았다.

본 연구팀은 만약 창업한다면, 호찌민보다는 프랜차이즈 매장이나 경쟁업체가 적은 하노이에서 20~30대 현지인과 한국인을 주 고객층으로, 현재 한국의 SNS 상에서 유행 중인 '감성 카페'라 불리는 형식의 카페를 열 것이다.

1) 위치

호찌민보다는 프랜차이즈 매장이나 경쟁업체가 적은 하노이를 선택하였다. 하노이 내에서도 하노이 탄쑤언 지역의 하노이대학교 인근에서 창업할 예정이다. 탄쑤언의 하노이대학교 주변에는 자연과학대학교, 운송기술대학교, 하노이건축대학교, 베트남전통의상대학교, 암호기술대학교, 인민안전대학교 등의 대학교와 HUS고등학교, 전흥다오 고등학교, 남탄쑤언 중학교, 탄쑤언 vocational school 등 교육 시설이 밀집해 있어 20~30대 현지인과 한국인을 대상으로 하는 카페가 위치하기에 적합하다. 또한 큰 길을 따라 CGV, 풍쾅시장, 축구경기장, 회사 등이 있어 유동인구가 많을 것으로 예상한다.

2) 메뉴

<그림 20> 판매예정인 미숫페너 가안

가장 기본적인 커피인 아메리카노, 베트남 소비자들에게 가장 인기가 있는 커피인 블랙커피와 연유 커피, 베트남에서만 맛볼 수 있는 코코넛 커피를 커피 종류로 준비하였다. 한국적인 콘셉트에 알맞은 음료 메뉴 또한 준비하였다. 미숫가루와 달콤한 크림을 섞은 음료 위에 떡을 얹은 후 콩가루를 뿌린 음료인 미숫페너, 피로회복에 도움이 되는 한국의 전통 음료 쌍화차, 무더운 날씨에 어울리는 한국 음료인 식혜가 있다.

디저트로는 카페의 와플을 한국식 디저트로 바꾸어 본 아이스크림 호떡이 있다. 이 메뉴는 호떡과 함께 아이스크림, 과일을 함께 즐길 수 있는 메뉴이다. 그 외 디저트 메뉴로는 베트남 롯데리아에서 잘 나가는 메뉴 중 하나인 한국 간식 붕어빵, 뻥튀기에 아이스크림을 올려 만든 뻥스크림, 그밖에 조각 케이크 류가 있다. 붕어빵은 작고 두

<그림 21> 아이스크림 호떡 조리 예

<그림 22> 붕어빵 플레이팅 예

<그림 23> 뻥튀기 아이스크림 플레이팅 예

꺼운 형태로, 3개에 45000동, 뻥튀기 아이스크림은 2개에 50000동으로 가격을 잡았다.

3) 인테리어

'한국답다' 는 것을 소비자들에게 잘 드러내기 위해 외부 인테리어를 하단의 사진처럼 한옥을 개조하여 인테리어 할 것이다. 트렌디한 감성과 전통적인 한옥이 가진 특유의 분위기를 그대로 살려 개성이 넘치는, 지친 감성을 재충전하기 좋은 카페로 만드는 것이 목표이다.

내부 인테리어는 요즘 카페 추세에 맞는 깔끔하고 현대적인 인테리어로 실내를 꾸밀 것이다. 내부 곳곳에 화초를 심고 한국적인 그림이 담긴 액자를 걸어 소비자들의 이목을 끌도록 할 것이다.

<그림 24> 서울 익선동의 '서울커피'   <그림 25>한국식 카페의 밤 전경

4) 기물

카페에서 쓸 컵들은 옛날 서울우유 컵, 콜드 오렌지주스 컵 등 한국
에서 과거에 사용되었던 음료 브랜드 컵을 사용하여, 카페에 방문하
는 한국인 기성세대에게는 그때의 향수를, 젊은 세대에게는 외관은
한옥이지만 내관은 레트로 풍과 현대적인 느낌이 공존하는 독특한 인
식을 줄 수 있을 것이다. 베트남 현지인들에게는 콩카페의 인테리어
정신과 비슷한 '한국만의 향수'라는 인상을 심어줄 수 있을 것이다.

<그림 26> 빈티지한 컵들   <그림 27> 레트로 풍의 집기들

개인 카페를 창업한다고 했을 때 드는 비용을 평균적으로 계산했을 때 임대료, 보증금 1,500만 원을 포함, 기계와 장비 비용 1,000만 원, 커피, 부재료, 일회용품 등의 구입비 200만 원, 광고홍보와 로열티 비용 100만 원, 인테리어와 기물 비용 등을 포함하여 3,000만 원 정도가 들 것이라고 예상된다. 한국의 카페 창업비용이 2018년 5월 기준으로 평균 1억 5천만 원 정도인 것을 고려하면 매우 적은 자금으로 현지 창업을 할 수 있는 것이다.

IV. 나가며

이번 글로벌 챌린지로 본 연구팀이 얻은 것은 총 5가지로 요약될 수 있다. 첫째로, 인터뷰 및 설문 조사를 통해 현지 창업을 위한 현지 조사를 통한 구체적이고 현실적인 자료를 수집할 수 있었다는 점이다. 호찌민과 하노이의 소비자 경향 분석을 통한 창업 콘셉트와 위치를 모색하고 베트남 현지 추세와 소비자들의 취향을 조사할 수 있었으며, 실제 창업 시 고려해야 할 점들에 대한 현실적인 조언을 들을 수 있었다. 두 번째는 베트남 식업료 산업 조사를 통해 베트남 문화를 이해할 수 있었으며 현지에서 창업 시 실질적 도움을 받을 수 있는 다양한 인적 네트워크를 구축할 수 있었다는 점이다. 또한 글로벌챌린지 참가자 개인이 실제 베트남에서 창업하거나 교환학생으로 오게 됐을 때, 정착 가능성을 판단할 기회가 되었다. 마지막으로 조사 내용을 바탕으로 하노이에 20~30대 소비자를 대상으로 '한국식 카페'를 창업하겠다는 구체적인 창업 계획을 수립할 수 있었다.

참고문헌

\<논문\>

부티탄흐엉, 「베트남 내 한식한류 조성을 위한 기초 연구」, 『문화콘텐츠연구』
　　제2호, 2012년

오승용, 「국내외 산업동향-베트남의 식품산업동향」, 『食品技術=Bulletin of
　　food technology』제24권 제3호, 2011년

\<인터넷 자료\>

김석운, 「2017 글로벌 및 베트남 경제전망」, 신짜오베트남
　　(http://www.chaovietnam.co.kr/archives/16120, 2018.06.28.)

윤보나, "「베트남 프랜차이즈 카페가 스타벅스보다 잘 나가는 이유」, Kotra
　　해외시장 뉴스
　　(http://news.kotra.or.kr/user/globalAllBbs/kotranews/album/2/globalBbsD
　　ataAllView.do?dataIdx=157592, 2018.08.03.)

박동욱, 「베트남, 음료시장 매력적 투자시장 부상」, Kotra 해외시장 뉴스
　　(https://news.kotra.or.kr/user/globalBbs/kotranews/4/globalBbsDataView.d
　　o?setIdx=243&dataIdx=89226&pageViewType=&column=title&search
　　=음료시장&searchAreaCd=&searchNationCd=
　　101084&searchTradeCd=&searchStartDate=&searchEndDate=&searchC
　　ategoryIdxs=&searchIndustryCateIdx=&searchItemCode=
　　&searchItemName=&page=1&row=10, 2018.08.03.)

신선영, 「쇼핑몰 입점 레스토랑으로 본 베트남 외식시장 트렌드」, Kotra 해외
　　시장뉴스
　　(http://news.kotra.or.kr/user/globalBbs/kotranews/4/globalBbsDataView.d
　　o?setIdx=243&dataIdx=165805, 2018.08.03.)

베트남으로 떠나면서 얻고 싶었던 답은 "내가 한국에서 가진 모든 것을 포기하고 베트남에서 창업을 할 수 있는가?"였다. 집안 사정이 급격히 안 좋아져 휴학을 했던 내게 가족은 내가 짊어진 모든 것이었다. 정답은 "할 수 있다"로 정했다…인터뷰를 진행하면서 나는 가슴이 다시 세차게 뛰는 것을 느꼈다. "내 브랜드 가치를 만들 수 있는 내 장사를 하면서 바람이 불 것 같은 곳에 서 있는 것이 바람을 불게 할 수 있는 방법"이라는 말에서 답을 얻었다. 동남아시아는 아직은 도전 불가능한 나라, 못 사는 나라라는 편견에서 이제는 완전히 벗어나 다시 한 번 세상을 더 넓게 보고 새로운 시장에서 새로운 아이템을 찾는 방법을 생각할 것이다. 베트남은 내게 사업으로도, 음식으로도, 사람으로도 잊을 수 없는 나라가 되었다.(배영민-국제지역학부)

15장 국제기구 진출의 이상과 현실: 미국 내 국제기구를 중심으로

2018년 하계 글로벌챌린지: 미국

팀명: UTOREAL 유토리얼

팀원: 정해연(국제지역학부, 4학년)

김기연(국제지역학부, 3학년)

이상운(국제지역학부, 2학년)

정송이(국제지역학부, 3학년)

동청(글로벌지역 협동과정)

Ⅰ. 들어가며

20세기 이후 제1차, 2차 세계대전과 현재까지 끊이지 않고 발생하는 수많은 국가 간 분쟁들, 그리고 지구온난화, 열대우림 파괴 등과 같은 환경적 문제의 증가로 인해 세계 여러 나라는 각자의 노력만으로 여러 문제를 해결하기 힘들어졌다. 따라서 범국가적인 문제 해결과 세계의 평화적 번영을 위해 각 나라가 모여 각 분야에 해당하는 '국제기구'를 창설하기 시작하였다. 조약을 기본으로 다수의 주권국가로 구성되는 것이 특징이며, 일정한 목적 하에 국제법상 독자적으로 존재함과 동시에 자체기관을 통해 독립적인 행동을 하는 조직체이다.

국제기구는 구성원이 세계 여러 나라를 포함하는 경우에는 일반 국제기구로, 지역에 한정된 경우에는 지역 국제기구로 분류된다.

일반 국제기구의 대표적인 국제기구로는 국제연합(United Nations, UN)이 있다. UN은 전쟁의 발발을 막고 국제평화와 안전을 위해 군비축소와 정치, 사회 등 다방면에서의 교류와 협력 그리고 국제법 개발 등을 위해 활동하고 있다. 우리가 흔히 알고 있는 UN 산하 기구로는 UN 개발계획(United Nations Development Programme, UNDP), UN아동기금(United Nations International Children's Emergency Fund, UNICEF), 유네스코(United Nations Educational Scientific and Cultural Organization, UNESCO) 등이 있다. 지역 국제기구로는 대표적으로 독일, 프랑스 등 유럽 국가를 기반으로 조직된 유럽연합(European Union, EU)과 제2차 세계 대전 중 소련에 대항하기 위해 미국을 중심으로 여러 유럽 국가가 조직한 북대서양조약기구(North Atlantic Treaty Organization, NATO) 등이 있다. 국제기구의 목적과 임무에 따라 국제연합(UN)과 같은 종합적 국제기구와 국제연합 식량농업기구(Food and Agriculture Organization, FAO)도 있다. 이처럼 다양한 분야의 전문적 국제기구도 총회, 이사회로 구성된 실질적 권한이 있는 기관이며 서로 유기적인 관계를 맺으며 그 기능을 극대화하고 있다.

1) 국제기구로의 취업

인류의 삶의 질을 향상하고, 선진국과 개발도상국 간의 격차를 줄여 더 나은 세계를 만들고자 노력하는 국제기구로의 취업은 꿈과 열정을 가진 모든 이들이 한 번쯤 도전해볼 만한 직장 중 하나로 여겨진다. 대부분 국제기구는 상당한 업무량에 비례한 높은 연봉과 뛰어난 연금제도를 갖추고 있어 입사 경쟁이 치열하다.

2017년을 기준으로 한국은 UN 분담률 13위 국가(2.039%)로서, 증대된 분담금 규모에 상응하는 국제적 위상을 확보하기 위해 각종 국제기구 사무국에 대한 한국인 인력 진출 확대를 적극적으로 추진 중이다. 한국인의 국제기구 진출 수준은 국제기구에서 한국의 위상과 영향력을 나타내기 때문이다. 상기 지표는 국제기구에 진출한 총 인원 그리고 그중 고위직 현황을 보여주고 있다.[20) 국제기구 및 국제적 이슈에 대하여 국민의 관심이 꾸준히 증가함에 따라 한국인의 국제기구 진출은 1999년 이후로 꾸준히 증가해오고 있으며 특히 고위직에서의 진출은 1999년 10명에서 2017년 12월 기준 26명으로 증가하였다.

<그림 1> 한국인의 국제기구 진출현황

그런데도 불구하고 UN을 비롯한 국제기구 내 한국인의 진출이 상당히 저조한 수준이며, 분담금에 따라가지 못하고 있는 것이 현실

---

20) 국제기구 고위직은 임명직 및 선출직을 포함하며, 국장급 이상 사무국 직원, 이사회 및 위원회 의장, 이사 및 위원, 국제재판소 재판관 등으로 구성된다.

이다. 이러한 점을 개선하기 위해 외교부는 1996년 국제기구 인사센터를 설립하여 지금까지 운영해오고 있다. 국제기구로 진출하기 위한 가이드를 제시하고, 공석 정보 및 타 인턴 프로그램들을 소개하며 한국인의 국제기구 진출을 적극 권장하고 있다.[21]

외교부가 구체적으로 제시하고 있는 국제기구에 진출하는 대표적인 세 가지 방법은 다음과 같다. 먼저 JPO 제도가 있다. JPO란 장래 정규 국제공무원을 원하는 젊은 층을 위해 일정 기간 세계보건기구(WHO), UN개발계획(UNDP), UN공업개발기구(UNIDO) 등의 국제기구에서 직원으로 근무하면서 전문지식과 국제 업무 능력을 쌓을 수 있는 실무연수의 기회를 제공하는 제도를 말한다. P1-P3직급의 직원으로 2년 동안 근무를 하게 되며 지원 자격은 학사졸업, 만 32세 이하(남성의 경우 병역에 따라 변동 가능), 영어 TEPS 900점 이상 또는 TOEFL 115점 이상 정도이다. 공고 이후 국제기구에서 1차 서류평가를 한다. 한국어 면접은 외교부에서, ETL 역량평가 및 필기시험은 국제기구에서 치른다.

다음은 UNV(UN자원봉사단) 프로그램이며 해당 프로그램은 외교부에서 협약을 맺고 운영하는 제도이다. UNV는 크게 청년봉사단과 전문봉사단으로 구분되는데 청년봉사단은 상·하반기 총 30명, 전문봉사단은 총 20여명을 선발한다. 청년봉사단은 젊은 인재들이 교육, 개발, 인도주의, 인권, 젠더 등 다양한 분야의 UN 현장에서 1년간 UN 봉사단원으로 근무한다. 외교부로부터 경제적 지원을 받는다. 자격요건은 대한민국 국민으로서 만 23세 이상 만 29세 이하의 1~2년의 유관분야 근무 경력자이다. 전문봉사단은 전문 분야 경

---

21) 외교부, "우리국민의 국제기구 진출현황", 통계청 e-나라지표,
  http://www.index.go.kr/potal/main/EachDtlPageDetail.do?idx_cd=1679(2018.06.26.).

력을 가진 우리나라 인재들에게 24개월 동안 다양한 분야의 UN 현장에서 전문적인 기술과 경험을 전수하고 자문하는 등의 전분가 수준의 봉사단원으로 근무한다. 마찬가지로 외교부에서 경제적 지원을 제공하는 프로그램이다. 대한민국 국민 만 25세 이상 학사 이상(직위에 따라 석사 이상을 요구하기도 함)이나 직위마다 경력을 상이하게 요구하기도 한다.

마지막으로 KMCO(KOICA Multilateral Cooperation Officers) 제도는 KOICA와 국제기구 간의 네트워크를 활용하기 위해 만든 프로그램이며 근무자들은 사업개발, 사업관리, M&E, 홍보, 연구 등으로 파견된다.[22]

2) 국제기구가 원하는 인재

먼저 전문지식이 필요하다. 직원의 대부분이 석사 이상의 학력을 소지하고 있다. 국제기구로의 본격적 진출 이전에 관심 분야에 대한 깊은 탐구가 필요하다. 또한 어떤 분야의 전문가로 국제기구에서 자신의 역량을 발휘하고 싶은지에 대한 구체적인 계획이 요구된다. 두 번째, 관련 경험과 경력이다. 국제기구에서는 희망하고자 하는 직무와 관련된 경험과 경력이 매우 유리하게 작용한다. 따라서 본인이 희망하는 직무와 관련된 경험과 인턴 등 여러 방면에서 실무적 능력을 키울 필요가 있다. 세 번째, 어학 능력이다. UN을 비롯한 국제기구의 공용어는 영어다. 그다음으로는 프랑스어, 스페인어 순으로 많이 사용된다. 대부분 영어로 의사소통과 업무를 진행하다 보니 일상

---

[22] "국제기구 진출 가이드" <외교부>, http://unrecruit.mofa.go.kr/jpo_ncre/jpo_ncre_notice.jsp(접속일 2018.08.16.).

생활과 업무에 사용 가능한 수준급의 영어 실력이 필요하다. 네 번째, 체력이다. 많은 업무량과 잦은 해외 출장으로 인해 국제기구에서 일하는 직원들에게는 강인한 체력이 필수다. 특히 제3세계 국가나 여러 험지에서 현장 업무를 수행할 시 새로운 환경에 능동적으로 적응하기 위한 좋은 체력과 정신력이 필요하다. 다섯 번째, 열정이다. 위에 명시된 모든 자격 요건을 갖추었더라도 국제사회를 위한 봉사정신과 열정이 뒷받침하지 못한다면 국제기구에서 일하는 데에 한계가 있을 수 있다. 업무 특성상 가족과 떨어져 지내야 할 때나 타지에서 생활하게 될 가능성도 있기 때문에 본인의 확고한 의지와 열정이 필요하다.

유엔의 핵심가치 (Core Values)
- Integrity (고결한 자세)
- Professionalism (전문가 의식)
- Respect for Diversity (다양성 존중)

유엔직원의 핵심역량 (Core Competencies)
- 의사소통 (Communication)
- 팀워크 (TeamWork)
- 기획 및 조직력 (Planning&Organizing)
- 책임감 (Accountability)
- 고객중심 (Client Orientation)
- 창의성 (Creativity)
- 지속적인 학습 (Commitment to Continuous Learning)
- 기술활용 (Technological Awareness)

유엔직원의 관리 능력 (Managerial Competencies)
- 통찰력 (Vision)
- 리더십 (Leadership)
- 다른 직원 동기 유발 (Empowering Others)
- 신뢰구축 (Building Trust)
- 판단력 및 결단력 (Judgment/Decision-making)
- 업무관리 (Managing Performance)

<그림 2> 국제연합(UN)이 원하는 인재

II. 방문기관

연구계획서에 명시한 대로 방문 예정인 8곳에 인터뷰 참여 의사를 물었는데 UN, UN개발계획, 월드뱅크, 그린피스 총 4곳에서 인터뷰할 수 있다는 연락을 받았다. 이에 2018년 글로벌 챌린지에 참가한 미국 유토피아 팀이 인터뷰한 국제연합(UN), 국제연합 개발계획, UN 대한민국 대표부, 월드뱅크, 그린피스에 대해 설명하고자 한다.

국제연합(United Nations) 이하 UN(United Nations)은 1945년에 설립된 국제기구이다. 제2차 세계대전 후에 항구적인 국제평화와 안전보장을 목적으로 결성된, 현재 유일한 범세계적인 국제기관이다. 설립 당시에는 51개국이 회원국이었으나 1998년 6월 말에는 185개국으로, 현재는 193개국이다. UN 헌장의 목적은 다음과 같다. 첫째, 세계 평화와 안전을 유지한다. 둘째, 세계 각국 간의 우호 관계를 발전시키고 세계평화를 강화하기 위한 적절한 조치를 마련함으로써 국가 간의 분쟁을 평화적으로 해결하는데 중심이 된다. 셋째, 비정치적 분야인 경제, 사회, 문화, 인도 분야에서의 기능적 국제협력을 통한 문제의 해결과 인권 그리고 기본적인 자유의 신장을 위해 노력한다. 넷째, 이러한 공동목적을 달성하기 위하여 각국의 이해관계를 조율하는 역할을 맡는다."[23]

국제연합 개발계획(United Nations Development Programme)은 세계 최대의 다자간 기술원조 공여 계획을 통해 국제연합의 개발 활동을 조정하는 중앙기구이다. 국제연합 헌장의 정신에 따라 개발도상국의 경제적, 정치적 자립과 경제, 사회의 발전을 목표로 한다. 개발도상국의 국가개발 목표에 상응하는 원조를 체계적이고 지속적해서 제공함으로써 개발도상국의 경제, 사회 개발을 지원한다. 국제연합 개발계획은 국제연합에서 시행하는 국가 차원의 개발 활동을 조정하고 이행한다. 또한 민주적 국가경영, 빈곤 감소, 위기 예방 및 복구, 환경 및 에너지, 인간 면역결핍 바이러스(human immunodeficiency

---

23) 한국학중앙연구원, "국제연합", 한민족문화대백과, https://terms.naver.com/entry.nhn?docId=525360&cid=46627&categoryId=46627(2018.06.26.).

virus, HIV) 및 후천성 면역결핍 증후군(Acquired Immune Deficiency Syndrome, AIDS)의 예방 등 5개 중심 분야의 능력을 높이기 위한 기술 협력을 제공한다. 매년 인간개발보고서(Human Development Report)를 발간하며, 국가 차원의 밀레니엄 개발 목표(Millennium Development Goals, MDGs)를 지원하고 홍보한다."[24]

UN 대한민국 대표부(Permanent Mission of the Republic of Korea to the United Nations)는 UN에서 한국을 대표하여 한국의 입장을 대변하고 UN과 협력하는 기관이다. 1951년 11월에 개설되었다. UN 대표부의 활동은 주로 UN 가입을 위한 회원국들과의 접촉 그리고 북한과의 외교전에 집중되었다. 한국 대표부는 북한에게 동시 가입을 설득하거나 안보리에서 거부권을 가지고 있는 소련, 중국과 협상하는 작업에 집중했다. 결국 대한민국은 1991년 9월 17일 46차 UN 총회에서 북한과 동시에 가입하는 데 성공했다. 이후 남북한은 외교 경쟁에서 공존과 협력을 추구하는 전략을 모색했다. 특히 남북한은 상호 외교 관계가 없어 주 UN 대한민국 대표부가 대화 채널 역할을 하고 있다. 2000년과 2004년에도 양측 외무부 장관 간에 주 UN 대한민국 대표부를 통한 회담이 열렸다. 2010년에는 천안함 침몰과 관련한 남북한 대표부 간에 치열한 공방전이 벌어지기도 했다. 한국은 UN 가입 후 적극적으로 참여하고 있다. 이와 더불어 분담금도 증가해 2010년에 4,792만 달러를 납부했다. 이는 192개 UN 회원국 가운데 11번째로 많은 금액이다. 또한 UN 평화유지활동(PKO)에는 전체 예산의 2.26%를 지원해 전체 10위에 올랐다. 특히 반기문이 UN 사무총장을 맡으면서 UN 한국 대표부의 위상이 더욱 높

---

24) 외교부, "국제연합 개발계획", 유엔 개황, https://terms.naver.com/entry.nhn?docId=1397760&cid=43163&categoryId=43163#TABLE_OF_CONTENT1(2018.06.26.).

아졌다는 평가를 받고 있다."25)

세계은행(World Bank)은 1944년 7월 뉴햄프셔 브레턴우즈에서 열린 국제연합통화금융회의 협상에서 설립을 결정해 1946년 6월 정식으로 업무를 시작했다. 초기에는 제2차 세계대전의 전후 복구를 위해 기금을 조성했으나 1949년경부터는 주된 목표가 바뀌어 경제개발 지원에 주력했다. 세계은행의 사명은 빈곤을 퇴치하고 개발도상국 국민의 생활수준을 향상하는 것이다. 세계은행은 회원국들이 출자한 자본 불입금, 세계 자본시장에서의 채권발행, 순 사업소득 등으로 기금을 마련한다. 각 회원국의 자본출자액은 상대적인 경제력 수준에 따라 다르게 결정된다. 실제로는 대개 자본출자할당액의 10% 정도만 불입되고 나머지는 요구가 있을 때 불입된다. 세계은행은 일반적으로 정부 또는 정부의 상환보증을 받은 사기업에 직접 대출해 민간자본을 저렴한 이자로 이용하지 못하는 특정 사업을 지원한다. 은행자산 대부분이 처음에는 전력, 수송, 상하수도 등 공적, 사적으로 공익사업을 하는 단체들에게 대부금(貸付金)을 융자하는 역할을 했다. 20세기 후반에는 농업과 농촌개발 부문이 가장 중요한 대부영역으로 되었다. 세계은행은 원칙적으로 원료, 장비나 해외용역 수입 등의 비용만 대출한다. 이자율은 주로 세계은행의 차입비용에 따라 부과한다. 그뿐만 아니라 금융지원과 기술지원도 제공한다. 세계은행은 총회, 상무이사회, 총재, 그리고 참모들이 운영한다. 총회는 전 회원국의 대표들로 구성되고, 1년에 한 번 열린다. 21명의 상무이사들이 정책을 수행하며 모든 대부의 승인 여부를 결정한다."26)

---

25) 굿모닝미디어, "UN 대한민국대표부", 네이버 기관단체사전 행정 분야,https://terms.naver.com/entry.nhn?docId= 646810&cid=43124&categoryId=43124(2018.06.26.).

26) 노영희, 홍현진, "세계은행", 한국학술정보(주),https://terms.naver.com/entry.nhn?docId=2272781&cid= 51299&categoryId=51300#TABLE_OF_CONTENT4(2018.06.26.).

그린피스(Greenpeace)는 1970년 반핵(反核) 단체 '해일을 일으키지 말라 위원회(Don't Make a Wave Committee)'를 모태로 하여 1971년 캐나다 밴쿠버에서 창설된 국제 환경보호 단체이다. 그린피스라는 명칭은 1971년 미국 알래스카 주의 암치카섬으로 핵실험 반대 시위를 위한 항해를 준비하는 과정에서 지어진 것으로, '녹색의 지구'와 평화를 결합한 것이다. 본래 프랑스 핵실험을 반대하기 위하여 발족하였고, 고래 보호 단체로도 유명하다. 그 후 원자력발전 반대, 방사성 폐기물 해양투기 저지 운동 등 폭넓은 활동을 통해 1979년 전 세계 5개 국가에 있었던 지부가 1992년에는 24개국으로 증가했다. 1992년 브라질 리우데자네이루에서 열린 UN환경개발회의(UNCED)를 통해 이들의 활동이 널리 알려지며 지부가 전 세계로 확산되었다. 대표적인 비정부기구(NGO)로서 2010년 현재 영국, 프랑스, 독일, 미국, 캐나다, 스페인, 오스트레일리아, 중국, 인도, 일본, 남아프리카공화국 등 40여 개국에 지부를 두고 있다. 전 세계 280만 명의 지지자들의 후원 속에 에너지혁명과 해양보호, 고대 삼림보호, 군축과 평화, 유해물질 없는 미래, 지속가능한 농업 운동 등을 통하여 환경을 보호, 보존하고 평화를 증진하는 데 힘쓰고 있다."[27]

이러한 사전 조사 및 연구 방법들을 통해 현지 조사를 실행했다. 최근 미국을 비롯한 유럽 전역에서 민족주의가 확산되어 자국의 이익과 안녕을 중요시하는 분위기다. 이러한 상황에서 국제기구의 역할이 매우 중요하다고 생각한다. 하지만 국제기구라는 단어만으로 지레짐작 어렵게 생각하거나 잘 알지 못하는 사람들이 많다. 또한

---

27) 두산백과, "그린피스", 두산백과, https://terms.naver.com/entry.nhn?docId=1164789&cid=40942&categoryId=40466(2018.06.26.).

국제기구 내에서도 여러 국제 문제에 귀를 기울일 전문가, 원조의 우선순위를 정할 경제연구가, 원활하고 건전한 기부를 위한 PR 전문가 외에도 수십, 수백 개의 직업이 있어 개인적으로 국제기구에 대해 알아가기에는 한계가 있다. 그래서 유토피아 팀은 약 일주일 동안 여러 국제기구를 방문하여 각 기관의 차이점 및 다양한 업무에 대한 전반적인 이해를 도모하고자 했다. 그리고 국제기구에 대한 이상 및 취업을 위한 전략 등의 질문지들을 작성하여 인터뷰하였다. 체계적인 인터뷰 진행을 위하여 각 기관에 사전 연락을 취하여 8월 1일부터 8월 7일까지 약 일주일 동안 연락이 닿았던 국제기구의 직원 분들과 면담했다.

팀의 최우선 과제 및 목표는 현지 조사 및 인터뷰를 통해 국제기구 진출에 대한 실질적인 정보를 얻는 것으로 삼았다. 국제기구는 대부분 'UN 시스템' 안에 포함되어 있기 때문에 이곳에 입사한다는 것은 곧 UN에 소속되는 것과 마찬가지다. 여기서 짚고 넘어가야 할 점은 소속된 기구들이 기본적으로 같은 인사채용 제도를 적용하고 있는데 대부분 인턴십 프로그램 등을 통해 채용하고 있다. 본 연구 팀은 재직자들의 국제기구 지원 경험과 비결을 인터뷰하는 것을 우선시하였다.

이번 프로그램을 통해 다루고자 하는 '국제기구 진출: 이상과 현실, 그리고 전략'에서 주목해야 할 점은 국제연합(UN), UN개발계획(UNDP), 세계은행(WORLD BANK)등 다수의 국제기구가 미국 뉴욕과 워싱턴에 본사 또는 지사를 두고 있다는 것이고, 이는 미국이 국제사회에서 중요한 조력자임을 반증하는 것이기도 하다. 또한 국제관계에 있어 중요한 국제기구에로의 진출 방안을 알아보며 국제지역학부 학생들의 진로 설계에 도움이 될 수 있다고 생각한다.

오늘의 UN은 세계적으로나 지역공동체 차원에서도 시민단체의 공조가 중요해지고 있다. 또한 대부분 지역 NGO, CBO, GRO들과의 긴밀한 협의를 통해 파트너 관계를 구축해 오고 있다. 본 연구팀은 대표적인 NGO 단체인 그린피스를 방문하여 NGO 단체에 진출하기 위한 방안도 간략히 알아보았다.

우리가 가지고 있는 국제기구에 대한 이상은 크다. 현장 업무는 어떤 식으로 이루어지는지, 국제기구에서 필요한 제2외국어의 필요성은 어느 정도인지, 그곳의 복지 시스템은 어떠한지 궁금하기 마련이다. 본 연구팀은 궁금한 사항들을 크게 스펙, 업무 분야, 취업 전후로 나누어 작성하고 상황에 맞게 상세 질문을 덧붙였다. 국제기구 웹사이트에 공시되어 있으나 이와 달리 실제로 어떤 일들을 처리하는지 더 자세히 알 수 있었다. 본 연구팀은 먼저 뉴욕에 방문하여 국제연합(UN)의 UN 한국대표부에 재직 중인 함상욱 차석대사와 인터뷰했다.

Ⅲ. 국제기구의 현지조사 연구

1. 주 UN 대한민국 대표부 및 국제연합(UN)

함상욱 차석대사는 UN 본부에서 50M밖에 떨어져 있지 않은 청사에서 근무하고 있었는데, UN 대한민국 대표부는 UN 근처에 위치한 수많은 각국의 청사 중 미국대표부와 더불어 가장 가까운 곳에 있다. UN 대한민국대표부가 가장 중요하게 여기는 3대 분야는 평화·

안보, 개발·환경, 인권인데 함상욱 차석대사는 이것에 대하여 자세하게 설명해주었다.

먼저 평화와 안보 문제이다. 이 문제는 아프리카 분쟁, 시리아, 이란 핵 문제 등이 있는데 안전보장이사회의 개편 문제가 현재 주요 논의 중 하나라고 한다. 2차 세계대전이 끝나고 안보리 문제들이 대두되었다. 안보리의 개편을 위해선 상임이사국들이 전부 만장일치를 해야 하는데 상임이사국은 거부권을 가지고 있어 만장일치를 이끌어내기 어렵다. 현재 상임이사국은 미국, 러시아, 중국, 영국, 프랑스이며 이들은 모두 선진국이라 할 수 있다. 이에 그들이 가지고 있는 막강한 영향력에 대한 불공정함을 문제 삼아 상임이사국 관련 시스템을 개편하고자 한다고 한다.

안보리 이외에 평화 안보 문제에서 가장 중요한 문제는 먼저 북한 핵 개발 안건이다. 남북 비핵화에 맞춰 어떻게 북한에 대한 제재를 개편해야 하느냐에 초점을 두고 있다고 했다. 최근 남북 이산가족 상봉과 평창 올림픽을 계기로 북한에 예외적으로 제재를 두지 않는 것으로 국제사회가 합의했다고 한다.

두 번째로는 개발·환경 문제이다. 우리나라는 UNDP 부의장국이었으며, 일본의 식민지배와 한국전쟁을 겪으며 힘겨운 시간들이 있었음에도 불구하고, 빠른 경제성장과 민주화를 통해 수혜국에서 공여국으로 전환한 최초의 국가로 전 세계 많은 국가로부터 주목을 인정을 받은 최초의 국가라고 한다. 이를 통해 다른 개발도상국들이 한국에 대해 호의적인 태도를 보여 개발 분야에서 많은 장점이 있다고 한다. 한국의 경험을 바탕으로 현재 대한민국 외교부의 4대 개발 집중 분야는 교육, 보건, 농촌 개발, 거버넌스(행정)인데 특히 외교부에서는 한국 정부의 지원이 끝나고 난 후 개발이 지속될 수 있도록 지원의 적정수준을 항상 고려하고 있다고 하였다.

마지막으로 인권 문제다. 대한민국 외교부에서 처음으로 인권에 관해 주목하게 된 시기는 김대중 정부 때였다. 이후 인권에 대한 관심이 높아졌고 외교부에서도 중요하게 다뤄져야 할 힌 분야로 다루기 시작했다고 한다. 작년에는 인권 분야에서 의장국을 맡기도 했다. 현재 이 분야에서 가장 중요한 화제는 역시 북한 인권 문제라고 한다. 이렇게 UN 대한민국 대표부의 주요 활동과 국제사회에서 대한민국의 주요 관심사와 활동 분야를 설명해 주신 후 외교부의 업무와 UN으로 진출할 수 있는 방법들을 알려주었다.

외교관이라는 직업은 한국을 대표하여 한국의 입장을 최대한 정확하게 전달해야하기 때문에 의사전달이 중요하기 때문에 영어를 유창하게 하는 것이 가장 중요한 기본 소양이라고 말했다. 함상욱 차석대사는 2002년부터 근무를 시작했는데, 외교부만의 시스템인 "냉탕온탕"이라고 불리는 공관 로테이션 시스템(2년~3년 주기)에 대해서 설명해주었다. 예를 들어 유럽에서 일을 2년간 했다면 그다음엔 아프리카에서 2년 동안 근무하는 식으로 선진국과 후진국에서 골고루 업무를 진행할 수 있도록 하는 방식이다. 직급이 올라갈수록 해외 근무가 많아지고, 보통 6~7개국에서 일하게 되며 정년퇴직은 60세이다. 또한, UN에 진출하기 위해서는 외교부 홈페이지에서 UN 사무국 또는 UN 산하 기구의 일자리 채용공고를 수시로 확인해야 한다고 한다. 공석이 나는 경우는 주로 3가지가 있는데, 내부승진, 내부이동, 외부인사 채용 순으로 진행되어, 현재 우리와 같은 대학생들이 국제기구로 진출하기 위해서는 마지막인 외부인사 채용으로 들어오는 것이 최선의 방법이라고 했다. 함상욱 차석대사가 추천한 것은 JPO프로그램이다. 이 프로그램에 참여하면 대한민국 정부에서 돈을 지원하여 2년의 기간 동안 인턴으로 근무할 수 있는데, 개인적으로 역량을 인정받으면 국제기구로 취업할 수 있다. 하지만 경쟁률이 굉장히 높은 편이며 일 년에 한 번 꼴로 공고가 올라오는 편이라 선발되기 쉽지 않다고 한다. 최소 2개 국어가 가능해야 하며 석사학위 소지자가 유리하다.

<그림 3> 주UN 대한민국 대표부 함상욱 차석대사님과 인터뷰

주요한 질문들을 마치고 개인적인 질문을 몇 가지 추가하였다. 국제지역학부 소속 학생들을 포함하여 국제기구로의 취업을 희망하는 학생들에게 도움이 될 수 있으리라 생각한다. 간략하게 정리하면 아래와 같다.

Q1. 국제기구 진출을 위해선 어떠한 성격, 성향을 가진 사람이 적합하다고 생각하시는가.

A1. 외향적이어야 한다. 자기 목소리를 낼 수 없으면 살아남을 수 없다. 먼저 손을 들고 이야기할 수 있는 자세가 필요하다. 건배사 같은 걸 많이 해보는 것도 중요하다.

Q2. 국제기구에서 선호하는 전공이 있는가.

A2. 관련 기구나 부서가 워낙 많으므로 개개인의 관심이나 역량에 맞춰 지원하는 것이 좋다. 예를 들어 인권 분야에 들어가길 희망한다면, 역량을 강화하기 위해서 법률 지식을 공부하는 것도 좋다. 하지만 중요한 건 따뜻한 마음이다.

Q3. 제2외국어에 대해 어떻게 생각하시는가.

A3. 한국 사람들이 선호하는 언어보다 아랍어와 같이 한국에서 관심이 적은 언어가 도움이 되는 경우가 많이 있다. 우리나라에서도 갈수록 중동의 중요성이 커질 것이다. 스페인어도 많이 쓰이며, 한국인에게 아무래도 위험부담이 적은 것은 중국어라 할 수 있다.

Q4 . 현재 우리나라가 개발협력을 지원하는 국가 중 가장 중점적으로 지원해야 하는 국가는 어디라고 생각하시는가.

A4 . 개발은 이익이 되는 국가인가 도움이 필요한 국가인가 중에 어느 것을 중점으로 둬야 할지에 따라 우선순위가 바뀐다고 생각한다. 이것도 현재 많이 논의되는 논제 중 하나이다.

인터뷰를 마친 후 본 연구팀은 직접 UN에 들렀다. UN의 관심 분야, 주요 사업들에 대한 설명 및 주요 회의장들을 둘러볼 수 있는 UN 투어를 마친 뒤에는 실제로 UN에서 근무하고 계시는 세 분을 만나 더 자세하고 현실적인 진출방안에 대해 알아보았다.

<그림 4> UN 본부 투어

먼저 사무국 평화유지 활동국 근무 7~8년차인 이화는 한국에서 국제학부를 졸업했으며, 현재 사무처장실 비서실에 재직 중이다. 이곳은 UN 정무국과는 달리 현장에 더 집중되어 있으며, 평화유지 임무단을 파견하고 임무단의 업무에 대한 관리, 감독을 진행하고 있다. 그리고 안보리에서 일어나는 회의에 대한 지원을 담당한다. 이화는 이곳에 진출하는 데에 국제학부 전공은 굉장히 도움이 될 것이라고 말했다, 예를 들어 상사가 지금 당장 아프가니스탄의 분쟁에 대한 해결방법을 제시하라고 하면, 그 나라의 과거부터 현재까지의 국제정세에 대한 전반적인 이해를 바탕으로 해결책을 제시해야 하는데 이러한 부분에 있어서 장점이 있다고 했다. 따라서 기본적으로 1945년부터 현재까지의 국제정세를 학부 때 제대로 배우고 정리해놓지 않으면 나중에 일하면서 일일이 찾아보는 것도 힘들기 때문에 세계사와 정치 이론 등을 공부해 놓는 것이 좋겠다고 조언했다. 제2외국어에 관해서는 영어도 중요하지만 제2외국어도 간과할 수 할 수 없다고 했다. 유창하게 외국어를 할 줄 알아야 하는 이유는 모국어가 아닌 다른 언어로 보고서를 쓰고, 회의하는 등의 전반적인 업무를 신속하게 진행해야 하기 때문이다.

다음은 UN 정무국에서 근무하고 있는 편준범이다. 정무국 내에서는 지역별로 업무를 진행하는데 현재 아시아와 중동지역을 맡고 있다. 부서의 재정 상태는 그렇게 좋은 상태가 아니므로 정말 긴박한 경우가 아니면 더 이상 인원을 뽑지 않아 이곳에서 근무하기는 어려울 것이라고 했다. 또한 자신이 담당한 나라의 언어를 잘 구사해야 한다고 말했다. 매일 출근 전에 미리 사무처장님께 담당 국가의 이슈에 대한 브리핑을 이메일로 보내고, 직접 설명해야하기 때문이다. 상사가 러시아어를 할 줄 알면 러시아어 외 다른 언어를 잘하는 사람을 뽑기 때문에, 자신의 상사도 중요하다고 할 수 있다. 보고 서를 매일 영어로 적어야 하고, 유럽인은 영어를 못하더라도 뽑아주는 경향이 있지만, 아시아인은 그렇지 않기 때문에, 대학원은 외국에서 나오는 것이 UN 진출에 유리하다는 현실적인 조언을 해주었다. 표면적으로는 학사와 2년 정도의 관련 분야 경력이 필요하지만, 한국에서의 2년 경력으로는 힘들 뿐만 아니라 매우 다양한 경력이 필요하다고 한다. 현재 UN 내 근무자들 대부분이 2~3개 이상의 석사 학위를 소지하고 있다고 한다. 또한 인턴의 경우 1년 근무를 6개월 근무로 50%만 인정해주기 때문에 많은 경험이 필요하다.

마지막으로는 UN 개발계획(UNDP)에서 대외 협력 분야 5년 차인 최나은이다. UNDP에서는 인턴십은 전혀 인정해 주지 않지만 다른 두 부서보다 진입장벽이 높은 편은 아니라고 한다. 헌제 UNDP는 170여 개의 국가를 담당하여 업무를 진행하고 있으며, 본인이 주로 하는 일은 면담 자료 준비 또는 현지 사무실이나 해당 나라의 문제 관련 대책을 마련하는 것이다. 본인은 인턴을 하다가 UNDP에 입사하게 된 굉장히 드문 케이스라고 했다. 이곳은 UN 산하 기구들과 자매결연은 많지만 의외로 월드뱅크 관련 업무는 그리 많지 않으며 먼 친척 같은 느낌이 강하다고 했다. 개발도상국에는 현지 오피스가 존재하는데 공여국에도 물론 사무실은 있지만 한국 사람들이 갈 일은 거의 없고, 대부분 현지 사무실 업무가 중요하므로 UN 개발에 관심이 있다면 본부에 있는 것보다는 현장 근무가 더 적합하다고 했다. 또한 개발도상국에서 생활하는 것에 어려움이 있는 사람들은 UNDP에서 일하는 것이 힘들 것이라고 했다. UNDP는 규모가 큰 편으로 지역국이 5개이며, 대외협력국은 공여국과 상호작용해야 하므로 전략 및 정책목표를 세워야 한다. 이 전략과 정책목표를 개발하기 위해서는 자금을 받아야하기 때문에 자금모금과도 관련이 있다. 그리고 다른 두 부서와는 다르게 학력 및 스펙보다는 지원자가 가지고 있는 역량이나 지식을 중요시하며, 작성하는 문서나 작업의 질이 수준급이어야 하며 논리적인 사고도 굉장히 중요하다고 한다.

마지막으로 학생들에게 굉장히 현실적이고 구체적인 조언을 했다. 한마디로 정리하자면 국제기구 진출은 굉장히 험난한 길이라는 것이다. 언제 해고가 될지 모르며 준비 기간 또한 굉장히 오래 걸리기 때문이다. 따라서 들어가기 전 많은 경험을 하는 것이 제일 중요하다고 한다. UN 발런티어 시스템을 참고하여 KOICA나 외교부 지원을 준비하는 것도 좋다고 한다. 기본적으로 자신이 관심 있는 분야에 대해 준전문가 정도의 지식이 필수적이며 씽크탱크에서 경력을 쌓는 것이 많은 도움이 될 것이라고 했다. 한국에는 세종연구소, 아산 연구소 등이 있는데 주로 아산연구소가 미국식 시스템을 바탕으로 연구가 진행되어 경쟁률은 높지만, 이곳 연구소에서의 경력을 높게 측정한다고 한다. 현지 사무실과는 다르게 사무국에서 일하면 예산을 다룬 경험이 있거나 전체적 플랜을 짜본 경험이 있다면 크게 도움이 될 것이다. 헤드쿼터에서 일하려면 글을 잘 쓰거나 말을 잘해야 한다. 프로젝트 경험이나 실무 지식이 많은 사람은 현장 업무에 적합하며, 사무직은 보고서 작성이 상당히 중요하므로 글쓰기와 말하기가 부족하면 힘들다.

실무 레벨은 본인의 역량에 따른 경우가 많으나, 고위직이면 정치적인 입김이 매우 크다. 일반인들은 800대 1의 개인 간의 경쟁이라고 알고 있지만, 결국은 본국에서 얼마나 도와주느냐의 차이라고 할 수 있다. 이것은 문화적 차이라고 할 수 있는데, 미국 문화에서는 로비가 당연하지만 한국에서는 부정적으로 보기 때문에 한국 외교관들이 적극적으로 도와주는 경우가 드물다. 또한 현재 세계적으로 한 구의 영향력이 적은 깃도 이유 중 하나이다.

<그림 5> UN 편준범님, 이화님, 최나은님 (왼쪽부터)

2. 세계은행(World Bank)

뉴욕에서 국제기구 현지 조사를 마친 후, 워싱턴에 있는 대표적인 국제기구인 월드뱅크에서 인터뷰를 진행하기로 하였다. 월드뱅크는 앞서 설명했듯이 전 세계의 빈곤 퇴치와 개발도상국의 경제 발전을 목표로 1945년 설립된 다자개발은행이다.[28] 국제학과 국제개발협력학을 공부하는 우리 학과에서 가장 관심을 가지고 있는 국제기구이다. UN에서 국제기구로의 취업이 힘든 길이라는 걸 인식하고, UN과 어떤 차이가 있는지 이곳에서의 업무 등에 대해서 현재 월드 뱅

---

28) 노영희, 홍현진, "세계은행", 한국학술정보(주), https://terms.naver.com/entry.nhn?docId=2272781&cid= 51299&categoryId=51300#TABLE_OF_CONTENT4(2018.06.26.).

크 아프리카 도시지역 개발 부서에 근무 중인 최나래 박사와 월드뱅크와 IMF의 한인 회장을 맡고 있는 이장용 회장이 시간을 내어 주었다.

먼저 최나래 박사는 한국에서 연세대 사회학과 재학 기간에 영국에서 교환학생으로 1년 정도 생활하던 중 국제개발에 관심이 생겼다고 한다. 귀국 후 4학년 2학기가 되어 해외 경험을 쌓을 기회가 적어지자 먼저 대기업인 삼성에서 2년 정도 근무했다. 이후 국제개발을 더 배우고 싶어 영국 옥스퍼드 대학원에서 국제개발 석사 학위를 취득했다. 이어 박사 학위를 받아 2013년에 월드뱅크에 있는 유일한 국제 공채 프로그램인 월드뱅크 영 프로페셔널에 지원하여 입사했다. 이 프로그램은 세계적으로 월드뱅크 업무와 관련된 자질을 갖춘 젊은 인재를 발굴하는 프로그램이며 매년 채용을 진행하고 있다고 한다. 만 32세까지 지원이 가능하고, 최소 석사 학위의 자격을 갖추고 있어야 한다. 또한 관련 분야에 3~4년 근무 경험이 있거나 박사학위를 소지한 경우 경력으로 인정받아 합격할 가능성이 높다고 한다. 더 자세한 정보는 월드뱅크 홈페이지에서 알아볼 수 있다.

최나래 박사는 현재 아프리카의 도시지역 개발 부서를 담당하고 있는데(탄자니아, 케냐, 르완다 등) 도시 지역의 기본 인프라와 도시 관리 관련된 사업에 월드뱅크가 기술, 자원 제공 관리 업무를 맡고 있다. 각 정부에서 도움을 주지만 그 돈을 어떤 식으로 제공해야 하는지도 결정한다고 한다. 과거 한국의 새마을 운동과 같은 주민 자치 지원 부서라고 할 수 있다. 본인은 현장 업무는 필리핀 마닐라에서 경험한 적이 있는데 굉장히 좋은 경험이었다고 했다. 업무에 관한 간략한 설명을 한 후 본 연구팀에게 궁금한 점이 있는지 물어보았다. 먼저 UN에서도 가장 먼저 여쭤봤던 질문 중 하나인 제2외국어에 대하여 질문하였다. 이에 "제2외국어도 당연히 그렇지만 모든 자질을 나의 언어능력 수준에서 평가하는 것에 그치지 말고, 실제 일을 하는 데 있어서 필요한지를 따지는 것이 국제 업무를 하는 것에 있어서 중요하다(예를 들어 남미(스페인어)/서아프리카(불어권)/동유럽(러시아어)/동남아(현지어) 등). 제2외국어를 단순히 스펙으로 생각하지 말고 본인의 흥미와 관련이 있는지 생각해보는 것도 중요하다"고 말했다. 이어 아프리카에서 근무 중인데 현지어를 모르는 것이 일에 어떠한 영향을 미치느냐는 질문에는 "현지에서 현지인들과 일을 하는 데 있어서 신뢰와 친밀감 형성이 중요한데 그것을 얻는데 있어서 언어가 가장 중요하다. 본인은 동아프리카에서 일하고 있는데 영어를 많이 써서 어려움이 많진 않지만, 현지어를 배우면 좋겠다는 아쉬움이 있다며 미리 공부해두는 것이 좋다"고 답했다. 그리고 월드뱅크 내부에서 근무하고자 하는 국가를 정할 수 있는지에 대하여 질문했다. 이에 월드뱅크에서는 신입을 잘 뽑지 않는다고 했다. YP(Young Professional) 프로그램으로 30명 정도만 뽑는 게 유일하며 본인도 5년 만의 한국인으로 입사한 경우라고 한다. YP 프로그램은 2년 과정이며, 이후 정식직원으로 채용되고, 최대한 업무에 대한 노출 정도를 높이는 것이 YP 프로그램이라 할 수 있다. 처음 부서에는 수요에 맞춰 배정되지만 두 번째는 희망하는 부서로 배정받을 수 있다고 한다. 일반 기업들과는 다르게 한 부서에서 너무 오래 있는 것을 권장하지 않으며, 그렇다고 의무적으로 다른 부서로의 이동을 결정해야 하는 건 아니다. 본인은 다음 부서를 동남아시아로 배정받고 싶은 바람이 있다고 한다. 월드뱅크의 현장 업무는 근무자 수의 2배로 매우 많은 편이며, 인천 송도에도 월드뱅크 사무실이 있으니 국제기구에 대하여 관심이 많거나 월드뱅크로의 진출을 꿈꾸는 사람이라면 국내에서 알아보는 것도 좋을 듯하다고 했다. 이밖에 개인적으로 도움이 될 만한 질문들을 몇 개 정리해 보았다.

Q1. 개인적으로 국제기구로의 취업과 전공은 얼마나 관련이 있다고 생각하는가.

A1. 본인은 사회학을 전공했지만 사회에 대한 관심이 넓어져 개발 분야로 관심이 생겼다. 사회를 보는 체계적인 틀과 깊이 있게 볼 수 있는 분석력은 생기는 것 같지만, 학부 때의 전공과 현재 업무는 그렇게 높은 상관관계를 갖고 있진 않다고 생각한다. 무엇보다 본인의 관심도가 가장 중요하다.

Q2. 월드뱅크 내의 사내 분위기는 어떠한가.

A2. 보수적인 성향의 조직이며 사업을 함에 있어 모험을 잘 하지 않는다. 회사 자체가 이윤추구를 목적으로 하지 않기 때문에 일처리가 조금 느리고 어떻게 보면 고리타분해 보일 수 있다. 하지만 여러 나라에서 온 사람들과 함께 일하고 그들의 문화를 존중하는 것도 재미있다. 사내 복지 또한 안정적인 편이다.

Q3. 아무래도 국제기구로의 진출은 준비 기간이 길 것 같은데 채용 시 나이를 고려하는가.

A3. 나이를 따지는 건 한국식 문화이다. 오히려 실력과 경험이 더

중요하고 YP 프로그램 같은 경우 32살을 채워서 오는 게 좋다.

Q4. 개발 분야에서 한국만의 장점이 있다고 하는데, 근무하는 현지인들은 한국에 대해 우호적인가.

A4. 본인이 한국인으로서 도움을 주는 것이 아니라 입장은 조금 다르지만 아프리카에서 케냐나 르완다의 경우 한국인이라 했을 때 많은 관심을 보인다. 하지만 동남아시아의 한국에 대한 인식은 양날의 검이다. 예를 들어 베트남에서 한국을 긍정적으로 말하는 편이지만, 한국의 월남전 참전에 대해서는 그렇지 않다. 그것은 깊게 봐야 할 문제이다.

<그림 6> 월드뱅크 단체사진

<그림 7> 최나래 박사님과 이장용 회장님

이어서 이장용 회장과 인터뷰를 실시했다. 이장용 회장은 현재 IT 부분에서 일하고 있다. 비즈니스 시스템을 연결하고 거버넌스 및 월드뱅크 TOOL의 향후 계획의 표준을 정하고 그것의 심사 및 승인을 하는 일을 하고 있다. 최근에는 블록체인, AI를 국제개발에 어떻게 적용할 것인지를 현재 바뀌는 세계 흐름에 따라 결정 중이다. 예를 들어 전 세계에서 모바일 뱅킹이 가장 활발한 곳이 아프리카인데 그 이유는 은행을 찾아가기 힘들기 때문이다.

앞의 최나래 박사와 같이 본인이 생각하기에 대학생 때 배운 지식을 앞으로의 미래 설계에 활용할 수 있는 것은 아니며, 관심이 있는 분야가 있다면 미리 보고 배워두는 게 사회에 나가서 도움이 된다고 말했다. 본인은 대학생 때 학부 과정으로 철학 전공을 마치고 바로 금융 컨설턴트로 취직했다. 3개월 동안 교육을 받은 뒤 일을 하면서 자세히 배우게 되어 경험을 쌓고 월드뱅크에 입사하게 되었다.

국제개발협력분야에 관심이 있다면 졸업 후 바로 월드뱅크에 지원하기보다는 KOICA나 기업에서 일해 봤다는 특수성을 갖는 게 중요하다. 자신이 다양한 문화를 얼마나 아는지가 월드뱅크 내에서는 정말 중요하다고 한다. 개인적으로 월드뱅크내의 승진 요구 조건과 세계이슈들이 실제 업무에 얼마나 반영 되는가 하는 질문에, 월드뱅크에서는 감독직, 전문직 양쪽 업무의 중요성을 다 보기 때문에 승진의 요소는 한 가지로 보기 어렵다고 했다. 현재 한국 기준으로 최고위직은 YP 프로그램 출신으로 Director까지 진출했고, 부총재 급은 내부 요건보다는 국가 차원의 영향력이 크기 때문에 아직 한국 출신으로 고위급은 힘들다고 한다. 또한 세계 이슈들은 대부분 즉각 반영되며 영향력도 꽤 크다.

국제기구에 취업하고 싶다면 국제 전문가로서 활약할 수 있는 엔지니어링 등에 관해 석사를 전공하는 것이 좋다. 또한 개발 관련 분야가 좋다면 그곳의 회사 경력이 있는 것이 좋다. 미국에선 네트워킹이 상당히 중요하기 때문에 해외에 취업할 때에는 인간관계에 적극성을 띠고 길게 보는 것이 좋다. 국제기구 입사에 모범답안은 없으며 제일 중요한 것은 본인이 뭘 가장 좋아하고 잘하는지를 아는 것이라고 했다. 최나래 박사는 실제로 대학원 때 국제기구에 취직하고 싶었으나 방법을 몰라 헤매다가 당시 할 수 있는 것들을 차근차근히 해나가다가 입사했다고 한다.

3. 그린피스(Greenpeace)

본 연구팀은 NGO의 대표적 활동단체 중 하나인 그린피스에서 업무와 개인적인 취업 과정에 대해 인터뷰 했다. 사전 연락을 통해 일정을 잡았고, 인터뷰는 그린피스 본부 사무실에서 이루어졌다.

인터뷰에 응해주신 분은 Layla Anthony로 근무 1년차이다. Supporter Mobilization Fellow를 맡고 있으며, Tax banking, social media managing (blog, etc.)등을 담당하고 있다. 현재는 학사 학위 소지자이나 대학원의 진학을 고려중이다. Layla는 capitol에서도 인턴십을 하고, 그린피스에서 1년간 인턴십을 한 후에 다시 입사했다. 구체적으로 그린피스에 있는 자원봉사자들과 소셜 네트워크를 관리하는 업무를 담당하고 있다. 대학에서는 환경공학을 전공하였고 학부 전공과 현재 그린피스에서의 업무 관련이 있다. 학부 전공을 통해 쌓은 지식이 현재 수행하고 있는 업무와 관련 지식 이해에 있어 큰 도움이 된다고 한다. 본인이 생각하기에 그린피스에 취업하는 데에 있어 중요한 점은 관련 업종에 대한 인턴십 경험이며, 아무래도 자원봉사를 다루는 일을 담당하기 때문에 인사관리 또는 고객관리에 대한 능력 또는 지식이 중요하다고 했다. 그 밖에는 업무 습득 능력과 컴퓨터 관련 지식이 중요하다.

그린피스에서 일하는 데 필요한 자질이 무엇이냐는 질문에는 본인의 업무가 사람을 상대하는 일이기 때문에 인내라고 생각한다고 했다. 이어 개방적인 마음가짐, 자기주장을 피력하는 것, 친근감을 꼽았다. 사내 분위기 및 복지에 관하여도 질문했다. 본인은 사람을 최우선으로 생각하는 그린피스의 철학이 마음에 든다고 했다. 동료들 또한 친근하고 편하다고 한다. 사내 복지 부분에서 취지에는 맞지 않는 질문이었지만 그린피스에서 특별한 사내 규정이 있냐는 질문에 그린피스 돈으로 고기를 살 수 없다고 했다. 그 이유는 고기를 소비하는 것이 환경에 좋은 영향을 끼치지 않고, 불법 유통방식을 거쳤을 수도 있기 때문이라고 한다. 그렇다고 고기를 먹으면 안 된다는 것은 아니고, 사비로 먹는 것은 가능하다. 현재 그린피스의 중점 사안은 플라스틱 오염 문제와 송유관 문제, 인사관리라고 한다. 다른 보수적인 성향이 있는 NGO 단체에 비해 그린피스는 개방적인 편이고 자신의 경력을 쌓는 데 도움이 된다고 한다.

자신의 관심 분야가 환경개발 분야와도 관련이 깊다면 그린피스를 생각해 보는 것도 좋다. 또한 다른 국제기구들과는 달리 NGO 단체는 인턴십이 조금 더 많은 편이고, 석사 학위도 필수조건은 아니니 진출이 조금 더 쉬운 편이라 할 수 있다.

<그림 8> 그린피스 Layla씨와 인터뷰

IV. 나가며

본 연구팀은 국제기구의 중요성이 나날이 커짐에 따라 국제기구로의 관련 취업방안 및 진출 전략에 대해 파악하기 위해 '국제기구의 이상과 현실 및 전략'을 주제로 2018년 8월 1일부터 2018년 8월 8일까지 총 7박 8일 간 현지 조사 연구를 진행하였다. 연구 지역은 국제기구의 메카라 불리는 뉴욕과 워싱턴에서 이루어졌으며, 사전 조사를 통해 국제기구의 정의와 추구하는 인재상을 먼저 파악하였다. 사전 조사는 문헌과 인터넷으로 이루어졌다. 연구대상은 주 UN 대한민국 대표부 및 UN, 월드뱅크, 그린피스이다. UN 한국 대표부에선 함상욱 차석대사, UN에서는 최나은, 편범준, 이화를 인터뷰하였다. 인터뷰 내용을 간략히 정리하면 다음과 같다.

함상욱 차석대사는 UN에 취업하기 위해서는 제2외국어를 능숙히 알 줄 알아야 하며, 가능하다면 석사학위를 따 놓는 것이 합격에 유리하다. 또한 JPO프로그램에 참여하면 취업이 유리하고, 외교부나 UN 홈페이지를 자주 들어가 보는 것이 좋다. 하지만 UN 내부에도 부서와 기관들의 종류는 다양하므로 무엇이든지 자신의 적성 및 흥미에 맞는 방향으로 지원하는 것이 가장 좋다.

월드뱅크의 최나래 박사님과 이장용 회장님 또한 제2외국어의 중요성을 지적했다. 국제기구 내의 실무와 대학 전공의 연관성은 적은 편이라 할 수 있다. 석사 학위 소지자가 유리하지만 무엇보다 중요한 것은 자신의 능력과 관련된 경험이라 할 수 있다. 자신만이 할 수 있는 특수성을 갖는 것이 굉장히 중요하며, 흥미 있는 분야에 대한 지식과 경험·경력들이 취업하는 데 있어서 중요한 요소가 될 것이다. YP 프로그램을 통해서도 진출할 수 있으므로 이것도 홈페이지를 자주 들어가 보는 것이 좋다.

그린피스이 Layla는 학위나 경력에 괸해시는 국제기구에 비해 신입장벽이 높은 편은 아니며 인턴십 같은 경험이 취업에 유리하다. 또한 대부분 자신의 지식과 연관 지을 수 있는 단체로 취직하기 때문에 전공과의 관련성도 높은 편이다.

본 연구의 기대효과는 다음과 같다. 먼저 각 국제기관의 연관성과 차이를 인지할 수 있다. 현장에서 근무 중인 직원들을 통한 직접적인 정보를 획득할 수 있다. 국제기구별로 요구하는 외국어의 종류와 그 중요성을 알고 학업 목표를 세우고 실력을 증진한다. 또 기관 내 부서별 협력과 업무 내용을 파악함으로써 현장 근무와 기관 내 근무의 장단점을 알 수 있다. 입사 시 요구되는 구체적인 역량에 대한 이해를 통해 구체적으로 이에 부합하여 준비할 수 있다.

참고문헌

<인터넷 자료>

외교부, "우리국민의 국제기구 진출현황", 통계청 e-나라지표,
    http://www.index.go.kr/potal/main/EachDtlPageDetail.do?idx_cd=1679
    (2018.06.26.)

한국학중앙연구원, "국제연합", 한민족문화대백과,
    https://terms.naver.com/entry.nhn?docId=525360&cid=46627&categoryI
    d=46627 (2018.06.26.)

외교부, "국제연합 개발계획", 유엔 개황,
    https://terms.naver.com/entry.nhn?docId=1397760&cid=43163&categor
    yId=43163#TABLE_OF_CONTENT1 (2018.06.26.)

굿모닝미디어, "UN 대한민국대표부", 네이버 기관단체사전: 행정 분야,
    https://terms.naver.com/entry.nhn?docId=646810&cid=43124&categoryI
    d=43124 (2018.06.26.)

노영희, 홍현진, "세계은행", 한국학술정보(주),
    https://terms.naver.com/entry.nhn?docId=2272781&cid=51299&categor
    yId=51300#TABLE_OF_CONTENT4 (2018.06.26.)

두산백과, "그린피스", 두산백과,
    https://terms.naver.com/entry.nhn?docId=1164789&cid=40942&categor
    yId=40466 (2018.06.26.)

<여행소감 한 마디>

　　사람을 제대로 알아가는 것에도 시간이 걸리듯 도시를 제대로 이해하는 데에도 시간이 걸린다. 고개를 뻣뻣하게 들어도 쳐다볼 수 없었던 고층건물들의 꼭대기와 여유로우면서도 분주해 보이던 사람들이 가득 찬 뉴욕이라는 도시의 고혹적인 매력에 빠지게 만들었지만, 두 세 블록만 지나도 보이는 홈 리스와 퇴근시간대의 꽉 막힌 도시 한복판은 뉴욕을 빠르게 질리도록 만들었다. 또한 내가 보았던 그 많은 사람들은 뉴욕에 거주하는 이들이 아닌 나와 같은 기대를 품고 온 여행객들이란 사실도 알 수 있었다. 허나 그런 다양함과 새로움이 뉴욕을 더 뉴욕답게 만들지 않나 싶었다. 자유의 여신상과 브루클린 브릿지, 그라운드 제로와 같은 유명 관광지는 뉴욕 시민들에게 일상으로 녹아 있지만 관광객들에겐 매 순간이 새롭고 의미 있는 것이기에 뉴욕에 더 활력을 불어넣고 있었다. (이상운-국제지역학부)

별첨4. 베트남 팀 글로벌 지역학 성과 발표회 PPT

2. 인터뷰
- 하노이 브로맨수 김동길 사장님

- 빙수로 사업시작 이유
  - 초기자금이 적게 든다는 점
  - 평소 좋아하던 디저트 •
  - 카페에서 일한 경험
- 현지화 전략
  - S, M, L로 사이즈 다양화 •
- 저렴한 가격
- 앞으로의 계획
  - 빙수 가맹점 확장 • 'Askorean'
  - 광고 플랫폼 사업 시작할 예정

2. 인터뷰
- 하노이 유원핫도그 고유원 사장님

- 핫도그 아이템 선정이유
  - 적은 초기자금 : 핫도그가게
  - 알바 경험
- 현지화 전략
  - 저렴한 가격(기본 핫도그 850원)
  - 베트남 식재료를 사용하되 한국 프랜차이즈 핫도그와 비슷한 맛 추구
- 인력관리
  - 페이스북 구인구직 페이지로 직원 모집
  - 한화로 적은 단위라도 베트남에서는 큰 돈이기 때문에 직원들의 사기를 효율적으로 북돋움

"초기자금이 적게 드는 사업으로
저렴한 가격 형성
페이스북 홍보를 통한 사업 홍보
가격 경쟁력은 유통에서 확보"

2. 프랜차이즈 카페
- 하이랜드커피(Highland Coffee)

로고색에 따라 붉은색, 갈색, 검정색 계열의 가구와 백지사용

베트남 전통과 관련된 그림들을 배치 : 모던한카페의 분위기를 조성

현지 길거리 카페의 메뉴를 프랜차이즈화 - 카페 다아이스 블랙커피, 카페 쓰어 다(우유커피)

2. 프랜차이즈 카페
- 콩카페(Cong Cafe)

젊은이들의 노스텔지어가 만든 카페

빈티지하고 일리터리한 인테리어

베트남 전쟁과 사회주의 : 카페 인테리어의 핵심

전시상황 당시의 수통, 군복, 라디오, 등 전시

대표메뉴 : 코코넛 커피

최근 한국에 진출하면서 많은 관심을 받음

2. 프랜차이즈 카페
- 퓰렌레전드 커피

G7커피를 만든 브랜드의 카페

고급스러운 외관이 특징

원목가구와 화이트 톤의 벽 사용 : 깔끔하고, 차분하며, 고급스러운 인테리어

개인용 핸드드립 커피기구가 나옴

베트남의 물가치고 매우 비싼 가격

2. 프랜차이즈 카페
- 푹롱카페(Phuc Long Cafe)

주로 호치민의
번화가에 분포

녹색 로고와 맞는
목재가구와 녹색 벽
인테리어

커피보다는 차와
과일주스,
스무디 종류에 주력

저렴한 가격대 형성

배달서비스 제공

식사메뉴 16가지로
많은 편
식사 + 음료
세트구성

할인 프로모션 진행

2.소비자 설문조사
- 선호하는 카페

하노이	
선호카페	답변(30)
개인카페	7
프랜차이즈	17
테마카페	6

호치민	
선호카페	답변(33)
개인카페	8
프랜차이즈	19
테마카페	9

2.소비자 설문조사
- 그 카페를 선호하는 이유

하노이	
선호하는 이유	답변(복수답변)
가격	2(4%)
맛	18(32%)
회전세도	3(5%)
브랜드 네임	6(11%)
위치	19(34%)
서비스	7(12%)
기타	1(2%)

호치민	
선호하는 이유	답변(복수답변)
가격	8(12%)
맛	23(35%)
회전세도	1(2%)
브랜드 네임	6(9%)
위치	12(19%)
서비스	13(20%)
기타	2(3%)

"하노이, 호치민 소비자 모두
월등한 차이로
프랜차이즈 카페를 선호"

2.소비자 설문조사
- 식당 및 카페 선택 시 고려하는 점

하노이	
식당선택 시 고려사	답변(30명)
항	
가격	2(7%)
분위기	14(47%)
서비스	3(10%)
위치	7(23%)
메뉴	1(3%)
맛	3(10%)

호치민	
식당선택 시 고려사	답변(34명)
항	
가격	3(9%)
분위기	19(56%)
서비스	5(14%)
위치	2(6%)
메뉴	0
맛	5(15%)

2. 소비자 설문조사
- 결과 분석

- 프랜차이즈 카페 선호하는 이유?
=> 매장 청소상태, 식기의 청결도, 음료의 토핑 및 샷 추가 등의 서비스
- 좋은 위치와 쾌적한 매장 분위기, 음료와 함께하는 쾌의류의 다양성

- 하노이/ 호치민 소비자 성향에서 가장 큰 차이점
=> 서비스 수준에 대한 인식

- 또 한가지 우리가 주목한 점?
=> 카페 및 식당 선택 시 분위기가 큰 요소라는 점!

- 설문조사가 갖는 한계점
- 오전 11시- 오후 1시 사이, 오후 3시-6시 사이에 이루어진 점
- 표본집단의 수가 적다는 점

2.소비자 설문조사
- 전체문항 정리

	하노이	호치민
선호 카페	프랜차이즈 카페	
선호 이유	맛, 위치	맛, 위치, 서비스
함께 방문한 사람	친구	
매장에 머무르는 시간	1시간 이상 2시간 미만	
카페 방문 목적	휴식 및 커피를 마시기 위해	
카페 방문 횟수	일주일에 2~3번	
선호하는 커피 종류	블랙커피, 연유커피	
커피와 함께 먹는 메뉴	케익 류	
식당,카페 선택시 고려사항	분위기, 위치	분위기, 서비스

" 소비자 설문조사를 통한 사업계획 도출 "

---

3. 사업 계획
- 위치

하노이 탄쑤언 하노이 대학교 인근 지역

- 호치민에 비해 경쟁 업체가 적음
- 7개의 대학교, 2개의 고등학교 등 교육시설이 밀집되어 젊은 인구 많음
- CGV, 풍광시장, 축구 경기장, 각종 회사 건물이 위치하여 유동인구 많음
- 베트남 현지 2030세대가 식당 및 카페 선택 시 위치와 분위기를 많이 보는 것에 주목!

3. 사업 계획
- 메뉴

한식 디저트를 응용한 메뉴를 주 메뉴로 함

음료	가격	디저트	가격
카페 쓰어 농	30000동	아이스크림 호떡	55000동
카페 쓰어 다	30000동	붕어빵	45000동
코코넛 커피	35000동	뻥튀기 아이스크림	50000동
미숫페너	50000동	치즈 조각케이크	30000동
계란동동 쌍화차	45000동	쵸코 조각케이크	30000동
식혜	45000동	생크림 조각케이크	30000동
라임주스	35000동	티라미수	30000동

---

3. 사업 계획
- 위치

하노이 탄쑤언 하노이 대학교 인근 지역

- 호치민에 비해 경쟁 업체가 적음
- 7개의 대학교, 2개의 고등학교 등 교육시설이 밀집되어 젊은 인구 많음
- CGV, 풍광시장, 축구 경기장, 각종 회사 건물이 위치하여 유동인구 많음
- 베트남 현지 2030세대가 식당 및 카페 선택 시 위치와 분위기를 많이 보는 것에 주목!

3. 사업 계획
- 메뉴

한식 디저트를 응용한 메뉴를 주 메뉴로 함

음료	가격	디저트	가격
카페 쓰어 농	30000동	아이스크림 호떡	55000동
카페 쓰어 다	30000동	붕어빵	45000동
코코넛 커피	35000동	뻥튀기 아이스크림	50000동
미숫페너	50000동	치즈 조각케이크	30000동
계란동동 쌍화차	45000동	쵸코 조각케이크	30000동
식혜	45000동	생크림 조각케이크	30000동
라임주스	35000동	티라미수	30000동

미숫페너   아이스크림 호떡

미숫가루와 달콤한 크림을 섞은
음료 위에 떡을 얹은 후 콩가루를
뿌림

대표적인 디저트 와플을 한국식
디저트인 호떡으로 대체함

붕어빵   뻥튀기 아이스크림

작고 두꺼운 형태의 붕어빵을 한
접시당 붕어빵 3개를 플레이팅함

한국의 대표 간식인 뻥튀기에
아이스크림을 얹어 만든 디저트로
한 접시당 2개를 플레이팅함

한국적인 인테리어를 이용한
'감성카페'

외부는 개조식 한옥
형태, 내부는
화이트톤 벽을
이용한 모던한
인테리어

한옥 형태의 외관 +
레트로와 모던함이
공존하는 내관 -> 독특한
분위기
화초와 전통화를
이용하여 한국적인
느낌을 더함

기물 : 서울우유, 콜드
오렌지주스 등 한국에서
과거에 사용되던 음료
브랜드 컵들

품목	예상 비용
임대료와 보증금	1500만원
커피머신 등 장비	800만원
커피, 일회용품 등 부재료	100만원
가스배관 설비비, 전기용량 증설비	100만원
인테리어, 기물비용	200만원
홍보 및 로열티	100만원
총 합계	약 3000만원

한국의 카페창업 비용
- 카페 콘셉트에 따라 천차만별
- 투자금, 여유자금, 예금 등 재무상태 등을 파악 + 대출
But 창업 소요 비용에서 자기자본 비율이 65-70%이상이 이상적
평균 1억 5천만원의 예산 중 적어도 1억은 내 돈이어야 한다는 점
또한 최소 6개월은 버틸 운영자금 또한 챙겨야 한다면…?

- 인터뷰 및 설문조사를 통해 현지 창업을 위한 구체적, 현실적 자료 수집
  - 호치민과 하노이 소비자 경향 분석을 통한 창업 컨셉, 위치 모색
  - 베트남 식음료의 현재 트랜드와 소비자들의 취향 조사
  - 실제 창업 시 고려해야할 것들에 대한 현실적인 조언
- 베트남 식음료 사업 조사를 통한 베트남 문화 이해
- 현지 창업시 도움이 되는 다양한 인적 네트워크 구축
- 지원자 개인의 실제 베트남 창업 및 정착 가능성 판단
- 조사내용을 바탕으로 젊은 소비자층에 맞는 카페의 컨셉과 메뉴, 인테리어 등
  구체적인 계획 수립
  - 하노이의 2030소비자를 대상으로 하는 한국식 '감성 카페'

〈부록〉 글로벌 챌린지 현황표(도표/통계)

※ 총 30개국 68개 도시 71개팀 298명이 현지 조사를 실시

[글로벌챌린지 조사분야별 비율]

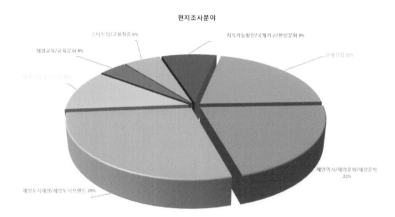

현지조사분야

[글로벌챌린지 현지조사 지역별현황]

연번	대륙	파견 국가	파견 횟수	조사 도시(1)	조사 도시(2)	조사 도시(3)	조사 도시(4)	조사 도시(5)	조사 도시(6)	조사 분야1	조사 분야2	조사 분야3	조사 분야4	조사 분야5	조사 분야6
1	라틴 아메리 카	멕시코	3	멕시코 시티	베라 크루즈					역사 문화	관광 산업	해양 도시			
2		코스 타리카	2	산호세						관광 산업	해양 도시				
3		페루	1	리마						해양 산업					
4		쿠바	1	아바나						역사 문화					
5	북 아메리카	미국	8	샌프란 시스코	뉴욕	알래 스카	샌디 에이고	워싱턴 DC	LA	관광 산업	국제 기구	해양 문화	해양 산업	스타 트업	도시 문화
6		캐나다	3	벤쿠버	토론토	오타와				관광 산업	해양 산업	한인 문화			
7	오세 아니아	뉴질랜 드	1	오클 랜드						관광 산업					
8		호주	3	시드니	호바트					관광 산업	도시 재생				
9	아시아	대만	1	타이 페이	가오슝					관광 산업					
10		말레 이시아	2	쿠알라 룸푸르	말라카	조호바 루	페낭			해양 산업	해양 문화				
11		베트남	5	호치민	하노이	럼동성				관광 산업	역사 문화	지속 가능 발전	고용 창출		
12		싱가 포르	5	싱가 포르						관광 산업	해양 산업	고용 창출	해양 문화	해양 도시	
13		일본	4	오키 나와	오타루	도쿄	하코 다테			관광 산업	해양 교육	해양 산업			
14		중국	4	상하이	칭다오	광저우	운남성			관광 산업	해양 도시	해양 문화			
15		중국	3	홍콩						도시 브랜드	관광 산업	해양 문화			
16		캄보 디아	1	씨엠립						지속 가능 발전					
17		태국	2	방콕	치앙 마이					관광 산업	지속 가능 발전				
18		필리핀	1	세부	마닐라					역사 문화					

연번	대륙	파견 국가	파견 횟수	조사 도시(1)	조사 도시(2)	조사 도시(3)	조사 도시(4)	조사 도시(5)	조사 도시(6)	조사 분야1	조사 분야2	조사 분야3	조사 분야4	조사 분야5	조사 분야6
19	유럽	네덜란드	2	암스테르담	로테르담					도시재생					
20		영국	8	사우스햄튼	리버풀	런던	포츠머스			요트산업	도시재생	항구개발	관광산업	해양문화	역사문화
21		노르웨이	1	오슬로	베르겐					해양산업	해양산업				
22		덴마크	2	코펜하겐	오덴세					도시재생	도시건축				
23		독일	2	함부르크	프랑크푸르트	하노버	뮌헨	베를린	프라이부르크	항만도시	관광산업	고용창출	도시재생		
24		러시아	1	사할린	샹트페테르부르크					한인문화					
25		아일랜드	1	더블린						해양문화					
26		스웨덴	1	말뫼						도시재생					
27		프랑스	2	마르세유						도시재생	해양문화				
28		오스트리아	1	빈						교육문화					
29		체코	1	프라하						교육문화					
30		포르투갈	1	리스본	포르투					역사문화					
31		스페인	1	빌바오						도시재생					

[2016-2018 글로벌챌린지 전체 현황]

연번	구분	뉴형	파건대륙	조시국가	조사 도시(1)	조사 노시(2)	조사 도시(3)	인원	조사 분야	주제
1	2016-하계	교수 인솔형	아시아	베트남	호치민			7	관광 산업	호치민 관광산업은 이대로 괜찮은가? - 지역사회기반 관광 중심으로-
2	2016-하계	교수 인솔형	아시아	베트남	호치민			4	역사 문화	베트남 역사성에 대한 연구 및 조사를 통한 대한민국의 역사성 구현방안 모색 : 호치민과 부산을 중심으로
3	2016-하계	교수 인솔형	아시아	일본	오키나와			5	관광 산업	지역 활성화, 선진 관광 도시로의 성장전략
4	2016-하계	교수 인솔형	아시아	중국	상하이	칭다오		5	관광 산업	글로벌 해양관광 도시 개선방안 : 상하이, 칭다오와 비교 조사
5	2016-하계	교수 인솔형	라틴 아메리카	멕시코	멕시코시티	베라크루즈		4	역사 문화	항구도시로서의 베라크루즈와 부산의 비교 (라틴아메리카 식민지 문화를 중심으로)
6	2016-동계	학생 자율형	유럽	프랑스	마르세유			4	도시 재생	남프랑스 항구도시의 도시재생 사업 사례를 통해 본 부산의 지속가능한 발전
7	2016-동계	학생 자율형	유럽	영국	사우스햄튼			4	요트 산업	부산의 요트 산업 활성화 방안 연구: 영국 요트 관리 및 교육 시스템을 중심으로
8	2016-동계	학생 자율형	유럽	영국	리버풀			4	도시 재생	리버풀의 버려진 항만을 활용한 도시재생 사례 연구: 부산 북항 적용가능성 검토
9	2016-동계	학생 자율형	유럽	독일	함부르크			4	항만 도시	독일의함부르크 항만도시 조사 및 뒤셀도르프 요트박람회를 통해본 해양레저산업 - 부산적용방안모색
10	2016-동계	학생 자율형	오세 아니아	뉴질랜드	오클랜드			4	관광 산업	오클랜드의 이미지와 요트, 다리에 관련된 해양 레저 산업 탐색을 통한 부산의 도시 브랜드와 해양 레저 산업 구축
11	2016-동계	학생 자율형	아시아	대만	타이페이	가오슝		5	관광 산업	대만해양관광조사를 통해 부산관광의 문제점 파악과 해양자원활용방안모색 - '부산원도심스토리투어'를 기반으로
12	2016-동계	학생 자율형	아시아	태국	방콕			3	관광 산업	부산의효율적문화유산활용을 통한 지속가능한관광개발 - 태국방콕의문화유산관광사례를모델로
13	2016-동계	학생 자율형	아시아	싱가포르	싱가포르			5	관광 산업	역사와 다크투어리즘의 결합, 지속가능한 글로벌 관광지 부산의 지하철투어

연번	구분	유형	파견대륙	조사국가	조사 도시(1)	조사 도시(2)	조사 도시(3)	인원	조사 분야	주제
14	2016- 동계	학생 자율형	아시아	베트남	럼동성			3	관광 산업	베트남 소수민족 문화관광의 지속가능한 개발
15	2016- 동계	학생 자율형	북 아메리카	미국	샌프란시스코			4	관광 산업	샌 프란시스코의 문화성 및 역사성을 구현 관광 산업 조 사 및 부산 적용 방안 모색
16	2016- 동계	학생 자율형	북 아메리카	캐나다	벤쿠버			4	관광 산업	미항도시의 관광(수산업과항 구의 조화)와 지속가능관광
17	2017- 하계	학생 자율형	유럽	아일랜드	더블린			5	해양 문화	문학의 도시 더블린 견학을 통한 문화 연구 및 부산 문 학관광의 발전 방향 모색
18	2017- 하계	학생 자율형	유럽	덴마크	코펜하겐			3	도시 재생	미항도시 부산을 위한 친환경 건축 연구 : 덴마크 코펜하겐 을 중심으로
19	2017- 하계	학생 자율형	유럽	영국	런던	사우스햄튼		4	항구 개발	부산을 아시아의 런던, 해운 서비스 도시로 조성하기 위 한 발전방안과 해양연구기관 및 대학간 협력관계
20	2017- 하계	학생 자율형	유럽	독일	프랑크푸르트	하노버	뮌헨	4	관광 산업	부산의 MICE 산업 발전 가능 성에 대한 연구
21	2017- 하계	학생 자율형	유럽	프랑스	마르세유			4	해양 문화	마르세유의 문화적 역량 인 구를 통한 세계해양수도로서 부산의 위상 제고
22	2017- 하계	학생 자율형	오세 아니아	호주	시드니			4	관광 산업	호주 시드니의 활성화된 중저가 호텔 사업의 연구를 통한 부산 의 발전 가능성 연구 및 방안 모색
23	2017- 하계	학생 자율형	오세 아니아	호주	시드니	호바트		4	도시 재생	세계적 동향에 따른 해양공간 계획(MSP) 실천도시로서의 부산
24	2017- 하계	교수 인솔형	아시아	중국	홍콩	광저우	마카오	6	해양 도시	해양도시로서의 홍콩·마카오· 광저우 지역과 부산의 비교 분석
25	2017- 하계	교수 인솔형	아시아	일본	오키나와			5	관광 산업	오키나와의 해양 자연보존 사 례 조사
26	2017- 하계	학생 자율형	아시아	중국	홍콩			4	도시 브랜드	글로벌 해양도시 홍콩의 과 거, 현재의 발자취를 따라가 부산의 미래설계 하기
27	2017- 하계	학생 자율형	아시아	말레이시아	쿠알라룸푸르	말라카	조호바루	4	해양 산업	할랄시장 확대에 따른 무역도 시로서 부산의 성장
28	2017- 하계	학생 자율형	아시아	말레이시아	쿠알라룸푸르	말라카	페낭	4	해양 문화	말레이시아 해양도시의 문화적 다양성에 대한 연구
29	2017- 하계	학생 자율형	아시아	중국	홍콩	마카오		5	관광 산업	복합 리조트 사업이 해당 지 역에 미치는 산업 효과와 경 제적 이윤 그리고 관광 효과
30	2017- 하계	학생 자율형	아시아	일본	오타루	도쿄		3	해양 교육	세계적인 해양 도시로 발돋음 하기 위한 첫 걸음, 해양교육

연번	구분	유형	파견대륙	조사국가	조사 도시(1)	조사 도시(2)	조사 도시(3)	인원	조사 분야	주제
31	2017-하계	학생 자율형	아시아	싱가포르	싱가포르			4	해양 산업	싱가포르의 해양 클러스터로 본 부산의 미래
32	2017-하계	교수 인솔형	북 아메리카	미국	뉴욕	워싱턴DC		6	국제 기구	국제기구 현장 경험을 통한 현지 네트워크 구축
33	2017-하계	학생 자율형	북 아메리카	미국	알래스카			4	해양 문화	지구온난화로 인한 알래스카 원주민 이주문제 연구
34	2017-하계	학생 자율형	북 아메리카	미국	샌디에이고			4	해양 산업	미국 샌디에이고의 바이오클러스터 산업과 지역 중소기업 및 지역 발전을 통해 본 부산의 해양바이오 산업 육성의 정책정 방향
35	2017-하계	학생 자율형	북 아메리카	캐나다	벤쿠버			4	해양 산업	부산의 해양 산업 클러스터 발전 모색 : 밴쿠버의 사례 조사
36	2017-하계	학생 자율형	북 아메리카	미국	뉴욕			4	해양 문화	지역경제 융합형 다기능 항만 도시로서의 부산 중구 문화 콘텐츠 발전
37	2017-하계	교수 인솔형	라틴 아메리카	멕시코/코스타리카	멕시코시티	산호세		6	관광 산업	한국과 라틴아메리카의 상호 문화 이해
38	2017-하계	교수 인솔형	라틴 아메리카	멕시코/코스타리카	멕시코시티	산호세		3	해양 도시	환태평양해양도시와의학술교류와지역현장연구방법역량배양
39	2017-동계	학생 자율형	유럽	독일	베를린	프라이부르크		4	고용 창출	독일의 녹색 성장 정책 조사를 통한 부산의 녹색 일자리 창출 방안 조사
40	2017-동계	학생 자율형	유럽	노르웨이	오슬로	베르겐		4	해양 산업	산 강국 노르웨이의 문화적 인프라 연구
41	2017-동계	학생 자율형	유럽	러시아	사할린	상트페테르부르크		4	한인 문화	한인 이주민들의 역사적 발자취와 그 미래
42	2017-동계	학생 자율형	유럽	영국	런던			3	관광 산업	영국의 시장과 부산의 시장 비교를 통한 부산의 전통시장 관광 상품화 방안 모색
43	2017-동계	학생 자율형	유럽	영국	런던			6	해양 문화	시민에게 친숙한 문화요소로써 재현되고 있는 영국의 해양문학에 관한 연구를 통한 부산 해양문학의 발전 방향 모색
44	2017-동계	학생 자율형	유럽	스웨덴	말뫼			4	도시 재생	내일의 도시, 말뫼에서 찾은 지속 가능한 개발 잊힌 항구도시에서 국제도시로의 발전 할 수 있던 성장 동력을 통해 본 해양도시스타트업과 친환경도시산업 조사

연번	구분	유형	파견대륙	조사국가	조사 도시(1)	조사 도시(2)	조사 도시(3)	인원	조사 분야	주제
45	2017-동계	학생 자율형	유럽	오스트리아 / 체코	빈	프라하		4	교육 문화	오스트리아, 체코의 분야별 직업학교(Berufsschule)교육시스템과 사회적인식연구를 바탕으로 한 대한민국직업계고(특성화고, 마이스터고)의 발전방향모색]-직업교육선진국의 진로교육, 직업교육 및 고졸취업 등의 우수국가, 오스트리아와 체코
46	2017-동계	학생 자율형	유럽	네덜란드 / 영국	암스테르담	런던		3	도시 재생	네덜란드암스테르담, 영국런던을 통해 부산의 민간주도형 스마트시티 조성을 위한 시민의식제고방안모색
47	2017-동계	학생 자율형	유럽	덴마크	코펜하겐	오덴세		4	도시 건축	코펜하겐과 오덴세의 시니어 코하우징 현지조사를 통한 부산의 노인주거 형태의 새로운 대안
48	2017-동계	학생 자율형	오세 아니아	호주	시드니	홍콩		3	도시 재생	호주의 친환경 건축 산업을 통해 바라본 부산 그린 빌딩의 발전 방향
49	2017-동계	학생 자율형	아시아	중국	상하이	홍콩		3	해양 문화	홍콩, 상하이 낙후지역의 도시환경개선 프로젝트조사; 문화주도형의 서민중심도시재개발 방향모색
50	2017-동계	학생 자율형	아시아	싱가포르	싱가포르			4	고용 창출	싱가포르 한인사회를 통한 해외 취업 전략 연구
51	2017-동계	학생 자율형	아시아	싱가포르	싱가포르			3	해양 문화	다민족 도시국가 싱가폴의 시민의식으로 알아보는 다문화의 공존
52	2017-동계	학생 자율형	아시아	일본	하코다테			4	해양 산업	해양자원에서의 원전에 관한 사회적 합의 방법의 모색
53	2017-동계	학생 자율형	아시아	태국	방콕	치앙 마이		4	지속 가능 발전	태국환경문제인식제고와 개선을 위한 Eco-Sharing: NGOs와의 협력과 'upcycling'활동을 통한 지속가능한 발전사회 공헌활동
54	2017-동계	학생 자율형	아시아	베트남	호치민			4	지속 가능 발전	베트남 지속가능 발전을 위한 유통산업의 조사 및 사회공헌 활동: 호치민시 저소득층 대상 민관협력사업(PPP) 현장 참여를 중심으로
55	2017-동계	학생 자율형	아시아	캄보디아	씨엠립			4	지속 가능 발전	캄보디아 빈곤 지역의 지속가능발전을 위한 사회공헌활동 및 개발협력 방안 연구 - 밧탐방 지역 캄보프렌드(CAMBO-FRIEND)의 초등교육 지원 프로그램과 연계

연번	구분	유형	파견대륙	조사국가	조사도시(1)	조사도시(2)	조사도시(3)	인원	조사분야	주제
56	2017-동계	학생 자율형	북 아메리카	미국	샌프란시스코	LA		4	스타트업	미국실리콘밸리 및 실리콘비치의 스타트업을 통해 본 국내의 근본적인 스타트업환경 조성 및 문화적, 지리적 요소 개선을 위한 연구
57	2017-동계	학생 자율형	북 아메리카	미국	샌프란시스코	LA		4	도시 문화	DACA프로그램 폐지논란에 따른 한인사회의 현지반응 및 논의동향연구
58	2017-동계	학생 자율형	북 아메리카	캐나다	토론토	오타와		4	한인 문화	캐나다한인네트워크와 한인들의 캐나다사회진입연관성: 캐나다 토론토, 오타와를 중심으로
59	2017-동계	학생 자율형	라틴 아메리카	페루	리마			3	해양 산업	우리나라 ODA산업의 지속 가능성-ODA사업을 통한 페루와 우리나라가 얻을 수 있는 상호정치·경제적이익
60	2018-하계	교수 인솔형	유럽	포르투갈	리스본	포르투		4	역사 문화	대항해시대를 연 포르투갈의 어제와 오늘
61	2018-하계	교수 인솔형	유럽	영국	런던	리버풀	포츠머스	5	역사 문화	대항해시대의 영국과 동아시아의 관계 및 현대의 영국
62	2018-하계	교수 인솔형	아시아	싱가포르	싱가포르			6	해양 도시	부산과 싱가포르의 해양지수에 대한 비교연구
63	2018-하계	교수 인솔형	아시아	베트남	하노이	호치민		6	고용 창출	베트남 커피/식음료 사업 트렌드 및 창업방안 연구
64	2018-하계	교수 인솔형	아시아	필리핀	세부	마닐라		4	역사 문화	식민지배의 영향과 토착사회의 변화/이주민-다문화 사회 연구
65	2018-하계	교수 인솔형	아시아	중국	운남성			6	관광 산업	중국 소수민족 문화연구: 운남성 소수민족의 문화접변 현상 연구
66	2018-하계	교수 인솔형	북 아메리카	미국	뉴욕	워싱턴DC		5	국제 기구	국제기구 취업: 이상과 현실 그리고 전략
67	2018-하계	교수 인솔형	라틴 아메리카	쿠바	아바나			7	역사 문화	사회주의 체재하에서의 쿠바의 사회변동: 사회, 문화예술, 종교적 측면에서
68	2018-2학기	해양도시탐사	유럽	영국	리버풀			3	도시 재생	Albert Dock 와 Liverpool One
69	2018-2학기	해양도시탐사	유럽	네덜란드	로테르담			3	도시 재생	로테르담의 도시재생 사례연구 및 부산의 성장
70	2018-2학기	해양 도시 탐사	유럽	독일	함부르크	베를린		3	도시 재생	해양도시의 현재와 미래 - 독일함부르크와 베를린을 탐방해 부산 도시재생 사업을 발전시킬 방안 모색
71	2018-2학기	해양 도시 탐사	유럽	스페인	빌바오			3	도시 재생	스페인 빌바오의 도시재생 사례 연구

부경대학교 대학인문역량강화사업단

본 사업단은 2016년-2019년 2월까지 정부(교육부)의 재원으로 한국연구재단 대학인문역량강화사업의 지원을 받아 인문학의 진흥과 발전을 위해 총 3개모델(글로벌지역학, 인문기반융합, 기초학문심화)에 걸쳐 수행되었습니다.

해양인문학으로 부산의 미래를 꿈꾸다(Ⅱ)

초판인쇄 2019년 02월 25일
초판발행 2019년 02월 25일

지은이 부경대학교 대학인문역량강화사업단
펴낸이 채종준
펴낸곳 한국학술정보㈜
주소 경기도 파주시 회동길 230(문발동)
전화 031) 908-3181(대표)
팩스 031) 908-3189
홈페이지 http://ebook.kstudy.com
전자우편 출판사업부 publish@kstudy.com
등록 제일산-115호(2000. 6. 19)

ISBN 978-89-268-8792-9 93080